家康の
10大危機

長屋良行
Nagaya Yoshiyuki

ゆいぽおと

●其之壱「略奪」

家康6歳　天文16（1547）年

主人公の名前は松平竹千代。後の徳川家康である。最初の危機は、竹千代が6歳の時に起こった。人質として、竹千代が駿府（静岡）・今川義元の許へ送られる途中、なんと身内の裏切りによって、敵対する尾張（名古屋）・織田信秀に売り飛ばされたのである。信秀は、竹千代の父・松平広忠に「織田方に寝返らなければ竹千代を殺す」と脅すが、広忠はそれを拒否する。父から見捨てられた竹千代の命は、風前の灯であった。

竹千代像ベンチ（岡崎公園）

織田信秀公木像
（亀岳林万松寺蔵）

●其之弐「人質」

家康8歳〜19歳

天文18（1549）年〜永禄3（1560）年

8歳〜19歳まで、人生の最も多感な時期を、今川家の人質として駿府（静岡）で過ごした松平竹千代。「岡崎城主」のまま人質となり、今川義元の命令によって、人質のまま元服し、人質のまま初陣を飾り、人質のまま結婚もさせられた。竹千代は、3歳の時に母と離別し、8歳の時に父が暗殺されたため、親の愛情に飢えていた。慎重で、臆病で、義理堅い徳川家康の性格は、この逆境のなかで生まれた。

竹千代と今川義元の銅像（JR 静岡駅北口駅前広場）

大高城跡（名古屋市都市計画情報提供サービス）
元康が兵糧を運び込んだ大高城があったところ
現在は大高城跡公園となっている

●其之参「桶狭間の戦い」

家康19歳　永禄3（1560）年

今川軍の先鋒隊として尾張に侵攻した松平元康隊800余騎。待ち構える織田軍の精鋭部隊と戦いながら、何とか前線基地である大高城へ兵糧を運ぶ。翌朝には織田方の丸根砦、鷲津砦も攻略し、今川義元率いる本隊の到着を待っていたが、いつになっても到着しない。夜になって「今川義元、桶狭間で討死す！」の一報が入る。しかし元康は信じない。「海道一の弓取り」の義元公が、尾張の弱小大名に負けるはずがない。

大樹寺：桶狭間の戦い後、松平元康が逃げ込んだ寺

於大の方の像（椎の木屋敷跡）
元康が桶狭間の戦いの前にひそかに再会したといわれる母

●其之肆「三河一向一揆」

家康22歳　永禄6（1563）年

ようやく今川氏の人質生活から解放され、岡崎城主として独立を果たした松平元康。今川義元との関係を完全に断ち切るために、名を「家康」と改め、心機一転をはかったが、またしても危機が襲う。なんと、突然「三河一向一揆」が勃発し、家臣の約3分の1が敵となったのだ。鉄の団結を誇った三河武士たちが敵味方に分かれて戦う、最悪の事態へ発展する。その時、家康がとった行動とは？

徳川家康公像（東岡崎駅前）

上宮寺絵伝【第五幅長島転戦】（上宮寺蔵　協力：岡崎市美術博物館）

●其之伍「三方ヶ原の戦い」

家康31歳　元亀3（1572）年

元亀3（1572）年、最も恐れていることが起きた。突然、戦国最強と謳われていた武田信玄が、2万5千の兵を率いて天竜川に沿って南下してきたのである。信玄は、敵対する徳川方の支城を蹴散らし、家康の本城である浜松城へ迫ってきた。ところが浜松城の一歩手前で、方向転換し北上。家康はこっそり背後から追撃する。ところが、それは信玄の罠であった。大敗を喫した徳川軍。家康はこの時、死を覚悟した。

若き日の徳川家康公像（浜松城本丸）

三方ヶ原古戦場碑

武田二十四将（山梨県立博物館蔵）

武田信玄画像（伝）（東京大学史料編纂所蔵模写）

●其之陸「長篠・設楽原の戦い」

家康34歳　天正3（1575）年

大惨敗を喫した「三方ヶ原の戦い」から3年。再び武田軍1万5千が、徳川方の支城・長篠城を包囲した。見捨てれば、大将としての家康のメンツはつぶれ、名声は地に落ちる。助けに行きたいが、あの時の恐怖が蘇る。しかし今回は違う。もはや武田信玄は亡くなり、「決して負ける戦はしない」織田信長が初めて自ら出陣するという。こうして世紀の一戦「長篠・設楽原の戦い」は始まった。

武田勝頼画像（東京大学史料編纂所蔵模写）

落合左平次道次背旗（東京大学史料編纂所蔵）
磔《はりつけ》になった鳥居強右衛《すねえ》門《もん》が描かれていた

長篠合戦図【部分】（犬山城白帝文庫蔵）

●其之漆「伊賀越え」

家康41歳　天正10（1582）年

信長と家康にとって、「武田家の滅亡」は、よほど嬉しかったのであろう。信長は、家康一行を安土城に招いて接待を行った。有名な「安土の饗応膳」である。家康一行も、無防備な装束で安土城を訪れ、その後、京、大坂を物見遊参していた。そんな2人の心の隙を突くように「本能寺の変」は起きた。「信長討たれる！」。突然の知らせにパニックに陥る家康一行。迫りくる明智の追手。この日から、命がけの伊賀越えが始まった。

徳川家康公像（駿府城公園）

徳川十六神将図
（長久手市郷土資料室蔵）

織田信長公像（JR 安土駅前）

信長の安土饗応膳【5月15日おちつき膳】
（安土城天主信長の館（近江八幡市）蔵）

小牧長久手合戦図屏風【部分】（名古屋市博物館蔵）

●其之捌「小牧・長久手の戦い」

家康43歳　天正12（1584）年

信長亡き後、天下に手を伸ばしたのは意外な人物だった。信長のイエスマンで、人の良い羽柴秀吉である。秀吉は主君の仇・明智光秀を討つと、その勢いで柴田勝家も破り、いつしか織田家の後継者となっていた。驚いたのは、信長の次男・信雄である。徳川家康を味方に付けると、秀吉の天下取りに待ったをかけた。こうして「2人の天下人」秀吉と家康の最初で最後の全面対決、「小牧・長久手の戦い」は幕を開けた。

豊臣秀吉公像　（豊國神社）

●其之玖「江戸入府」

家康49歳　天正18（1590）年

繊細で、人の心をつかむのが上手な「人たらし秀吉」。そんな秀吉の悪意ほど、恐ろしいものはない。秀吉は、「小田原征伐」の恩賞として、家康に江戸への転封を命じた。表向きは、東海150万石から関東240万石への大栄転である。しかし武士にとって「土地」は命。先祖代々受け継がれ、領民との関係も良好で、住み慣れた東海の地を奪われることは、実質的な左遷であり、徳川封じでもあった。こうして家康は秀吉に膝を屈した。

●其之拾「関ケ原の戦い」

家康59歳　慶長5（1600）年

豊臣秀吉亡き後、年齢においても格においても、もはや家康に対抗できる武将はいなくなった。それでも、天下人にはなれない。大坂には秀吉の遺児・秀頼が現存するし、戦国大名の多くは秀吉恩顧の大名だったからだ。そこで家康は、豊臣政権内の武功派と文治派の対立を利用して、味方づくりを画策する。従順な豊臣家臣のふりをして。結局、「関ケ原の戦い」は、表向きは豊臣政権内の派閥争いだったのである。

徳川家康画像（東京大学史料編纂所蔵模写）

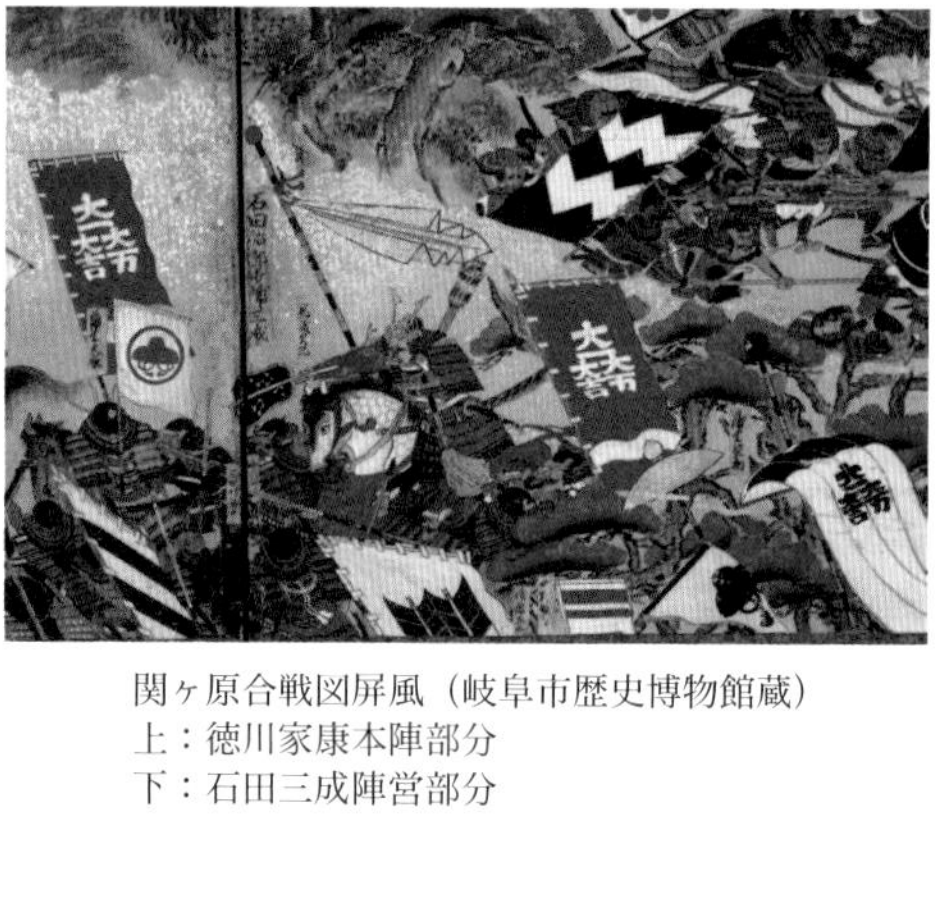

関ヶ原合戦図屏風（岐阜市歴史博物館蔵）
上：徳川家康本陣部分
下：石田三成陣営部分

豊臣秀頼画像（伝）
（東京大学史料編纂所蔵模写）

石田三成画像
（東京大学史料編纂所蔵模写）

はじめに

波乱万丈な戦国時代においても、徳川家康ほど苦労した人物は少ないだろう。3歳で母と離別、6歳の時に尾張織田家へ売られた。8歳の時に父が暗殺され、人質交換で尾張から駿府へ移り、19歳まで今川氏の人質として暮らした。

独立してからも、織田信長や豊臣秀吉の合戦に巻き込まれ、数々の不幸が家康を襲い、何度も生死の境をさまよっている。

家康は、その度に家族や家臣などの仲間に助けられ、危機を乗り越えてきた。家康の我慢強く、思慮深い性格は、この時の苦労によって育まれたものと思われる。

家康の魅力の第一は、その目線の低さにある。信長や秀吉が、常に上から目線で、周囲の意見を無視して独断専行するのに対して、家康は家臣の意見を良く聞き、協議によって物事を決めていったという。

天才といわれた信長、秀吉に対して、大いなる凡人と呼ばれた家康は、幼い頃から自分の非力さをよく理解していた。それだけに、それぞれの分野の優れた人物の意見に耳を傾けている。

家康には、こんな逸話が残っている。天下人となった秀吉が、自らの宝物として名物茶器を披露しながら、家康に問うた。「そのほうは、どんな宝を所持しておるか?」と。臣下の家康は答える。「私は殿下にお見せできるような品を持ち合わせておりませぬ」。(そんなことはなかろう)と疑いの目を向ける秀吉に対して家康は、「ただ、私には——」と続けた。「私のためなら火水を厭わず、命懸けで戦場を駆けてくれる五百騎がおります。これが私の宝でしょうか」と語ったという。〝人材こそ宝〟と考えた、家康らしいエピソードである。

本書では、家康を襲った10大危機を取り上げ、その都度、家康が家臣や仲間たちの助けや応援を得て、どのようにして危機を乗り越えてきたか、わかりやすく紹介していきたい。

家康は、悩み、もがき、半ベソをかきながらも、何とか苦難を乗り越え、ついには天下人にまで上りつめる。そして、150年続いた戦乱の世に終止符を打ち、260年間にも及ぶ泰平の世の礎を築いた。

家康の10大危機　目次

其之壱

「略奪」【家康6歳】天文16（1547）年

今川氏の人質として、
駿府（静岡）へ送られる途中、
継祖父の裏切りに合い、
敵対する尾張（名古屋）の織田氏へ
銭1000貫文で売り飛ばされる。

天文16（1547）年8月2日、一人の子どもが三河国西之郡（蒲郡市竹谷町）の犬飼湊[*1]から船に乗ろうとしていた。子どもの名前は松平竹千代6歳。のちの徳川家康である。6歳といっても数え年であるため、現在の満に換算するとわずか4歳の幼子であった。

当時の松平氏は、東の駿府（静岡）今川氏と西の尾張（名古屋）織田氏に挟まれた弱小大名で、松平氏が今川氏の家臣になったため、人質として竹千代が駿府へ送られることになっていた。

竹千代は28名の譜代の家臣とともに岡崎城を出立し、犬飼湊から海路で大津[*2]（豊橋市老津町）に上陸。陸路で渥美半島を横断して、潮見坂[*3]（静岡県湖西市）の仮陣屋で今川氏からの使者を待ち、駿府へ向かう予定になっていた。

ところが、大津で一行を出迎えた田原城主・戸田康光、政直父子は、こう勧めたという。「陸地には敵が多い。船で、我が領地から駿府へ送り申し上げる」と。康光は竹千代の義理の祖父であったため、一行は疑うこともなく、船に乗り込んだことだろう。

やがて陸地が見えてきたが、それは駿府の湊ではなく尾張の熱田湊であった。

その時の一行の驚きは、想像するに余りある。しかし時すでに遅し。織田氏と通じていた戸田親子の策略に、まんまとひっかかってしまった。しかも、あろうことか康光は、竹千代を永楽銭[*4]1000貫文で敵対する織田信秀（織田信長の父）に売り飛ばしていたのである。

身内にだまされ、さらに銭で売られるという信じられない屈辱を、6歳の竹千代は体験した。こうして家康の波乱万丈の生涯が幕を開けた。

＊1　犬飼湊《いぬかいみなと》　蒲郡市竹谷町字犬飼。古くから栄えていた湊。江戸時代には三河五港（犬飼、大浜、鷲塚、平坂、御馬）に数えられていた。

＊2　大津　豊橋市老津町。かつて大津城があった。戸田氏は、田原へ拠点を移すまで、大津城の城主だった。

＊3　潮見坂　静岡県湖西市白須賀。東海道の白須賀宿の近く。三河と遠江の国境で、かつて今川氏の仮陣屋があった。

＊4　永楽銭1000貫文　1貫＝1両＝10万円で換算すると1億円。実際は500貫文とも1000貫文とも。

【なぜそうなったのか？】

苦境に立たされていた松平氏

松平氏は、三河国加茂郡松平郷[＊1]（豊田市松平町）を発祥地とする豪族で、戦国時代に勢力を拡大しながら南下し、西三河一帯を支配していた。とくに、家康の祖父・松平清康の頃には、尾張で急成長していた織田信秀（織田信長の父）をも、圧倒するほどの威勢を誇っていた。

ところが、その清康が天文4（1535）年、勢いに乗って織田方の守山城（名古屋市守山区）へ出兵した際、陣中で家臣に暗殺されるというショッキングな出来事が起きた。俗にいう「守山崩れ」

である。この事件によって、戦況は一変する。嫡子の松平広忠は、まだ10歳であったため、一族を束ねることができず、逆に岡崎城を追われてしまった。

天文11（1542）年5月、広忠は、今川義元の援助をうけてようやく岡崎城に戻ってきたが、多くの家臣の離反が相次ぎ、苦境に立たされていた。戸田親子の裏切りもその流れであった。同年12月26日、竹千代（家康）は、こんな厳しい状況のなかで生まれた。その時、父の広忠はまだ17歳、母の於大[*2]は15歳だった。

時代に翻弄された母との別れ

こうした広忠の苦境は、夫婦関係にも大きな影響を及ぼした。広忠の正室於大の実家である刈谷城（緒川城）[*3]の水野氏が、松平氏から距離をおき、織田氏につく動きを見せはじめたからである。

於大の父・水野忠政は、娘を忠広に嫁がせ、政略結婚によって松平氏と同盟を結んでいた。ところが、家康が生まれた翌年の天文12（1543）年、忠政が亡くなると跡を継いだ嫡男の水野信元[*4]は、早くも織田氏につく旗幟を鮮明に打ち出した。今川氏の庇護を受け何とか領国を維持していた広忠は、水野氏が織田方についた以上、もはや正室としてとどめておくわけにはいかないと判断し、於大と離別し、実家へ送り返してしまった。

こうして竹千代は、3歳にして実母と離別する。ちなみに、3歳といっても数え年であり、満でいえば1歳半である。家康は、物心がつく前に、実の母と生き別れたということになる。

そして天文16（1547）年、織田の三河侵攻がいっそう激しくなり、自力では織田方に対抗できないと判断した広忠は、今川義元に支援の要請を行った。義元は、支援にあたって嫡子竹千代を人質に出すことを要求し、広忠はやむなくこれに応じた。竹千代はこうして、人質として、駿府に送られることになったのである。

【名古屋での人質時代】

竹千代の命は風前の灯

高い金を払い、松平の「跡取り息子」を手に入れた織田信秀は、さっそく松平広忠を脅しにかかった。江戸幕府の公式文書である『徳川実紀』によると、信秀は広忠に使者を出し「織田方に寝返らなければ竹千代を殺す」と通知する。これに対して広忠は、「子への愛にひかれ、今川氏との昔からのよしみを、変えることがあってはならない。竹千代の命は、信秀殿にお任せする」と返事したという。父からも見捨てられた竹千代の命は、もはや風前の灯であった。しかし、広忠の忠義心に感心した信秀は、竹千代を殺すことはなかった。

竹千代は当初、加藤図書助順盛《ずしょのすけのぶもり》の羽城[*5]（名古屋市熱田区）に幽閉され、そのあと、織田家の菩提寺であった萬松寺[*6]（万松寺）へ移されたという。

父・広忠の死と松平家の没落

軟禁状態で、2年間を名古屋で過ごした竹千代だったが、その間にさらなる不幸が竹千代を襲った。天文18（1549）年3月、なんと父・広忠が24歳の若さで死去したというのだ。広忠の死に関しては、病死説、暗殺説、一揆による殺害説の3説あるが、現在は岩松八弥という人物による暗殺説が有力である。3歳で母と生き別れ、8歳で父と死別し、ついに竹千代は家族を失ってしまった。

主を失った松平軍は、ほぼ壊滅状態となり、今川の先兵隊に過ぎない存在となった。一方、今川義元は、素早く家臣を岡崎城へ派遣し岡崎城を接収。松平氏の重臣とその妻子を駿府に移し人質として、広忠の遺臣たちが織田方に寝返るのを防いだ。

人質交換で尾張から駿府へ

竹千代の父・広忠が没すると、義元はすぐに動いた。軍師・太原雪斎[*7]に命じ、2万の大軍で織田方の安祥城を攻め落とし、信長の義理の兄である織田信広を生け捕り、竹千代との交換を画策し成功させた。人質交換は、天文18（1549）年11月、東海道沿いの笠寺観音[*8]（名古屋市南区）で行われた。竹千代は、いったん岡崎に戻ったものの、城へは入れず、亡父広忠の墓参りをしたあと、今度は今川氏の人質として駿府の義元の許へ送られた。

＊1　松平郷　松平氏の菩提寺・高月院、松平城跡、松平東照宮がある。名鉄「豊田市」駅より、とよたおいでんバス「大沼」行き「松平郷」下車徒歩5分。

＊2　於大《おだい》　竹千代（徳川家康）の母。伝通院。享禄元（1528）年、知多の豪族・水野忠政の娘として緒川城で生まれた。松平広忠と離婚後は、阿久比《あぐい》城主・久松俊勝に嫁いだ。

＊3　緒川城《おがわじょう》　水野氏が知多半島で最初に築いた居城。天文2（1533）年、水野忠政は本拠地を、緒川城から刈谷城へ移した。於大は刈谷城から岡崎城へ輿入れした。

＊4　水野信元　水野忠政の次男で、於大の異母兄。水野氏の家督を継ぐと今川氏を裏切り織田氏につく。桶狭間の戦いの後や信長との清須同盟など、何かと家康の味方となり手助けをした。

＊5　羽城《はじょう》　名古屋市熱田にあった加藤順盛の居城。かつて竹千代（徳川家康）が幽閉されていた。現在は、城址碑と「徳川家康幼時幽居地」の案内板が残っている。

＊6　萬松寺《ばんしょうじ》（万松寺）　織田信秀の菩提寺。現在は大須にあるが、当時は今の名古屋市丸の内と錦にまたがる広大な寺域を所有し、大殿を中心に七堂伽藍が備わっていたという。

＊7　太原雪斎《たいげんせっさい》　臨済宗の僧侶であり、今川義元の軍師。守護大名であった名門・今川氏を戦国大名へ転身させた。今川氏の人質であった、竹千代の教育係もつとめた。

＊8　笠寺観音　名古屋城の鬼門の方向に建つ尾張四観音の一つ。宮本武蔵が長期滞在した地としても知られている。境内には、竹千代「人質交換之地」の石碑が建つ。

その時、家康は……。

「竹千代の略奪事件」は、屈辱に満ちた悲しい出来事であったが、同時に、家康の運命と日本の歴史を変える、大きな出来事でもあった。尾張では、吉法師《きっぽうし》（織田信長）との運命の出会いがあった。

その頃、那古野城にいた14歳の信長が6歳の家康に会った、という記録は残っていないが、好奇心旺盛な信長が、敵対する「松平の小倅」に会わないはずがない。当時、竹千代が幽閉されていた萬松寺は、那古野城の目と鼻の先にあった。『信長公記』によるとその頃の信長は、朝夕に馬を駆け、庄内川で泳ぎ、川原で遊んでいたというから、竹千代を誘い出し、一緒に遊んでいたかもしれない。

後の歴史がそれを証明している。永禄5（1562）年、信長と家康は清須同盟を結ぶが、大勢の親族や家臣を亡くした両家の合戦の歴史を

織田・松平・今川の勢力分布図（1547年当時）

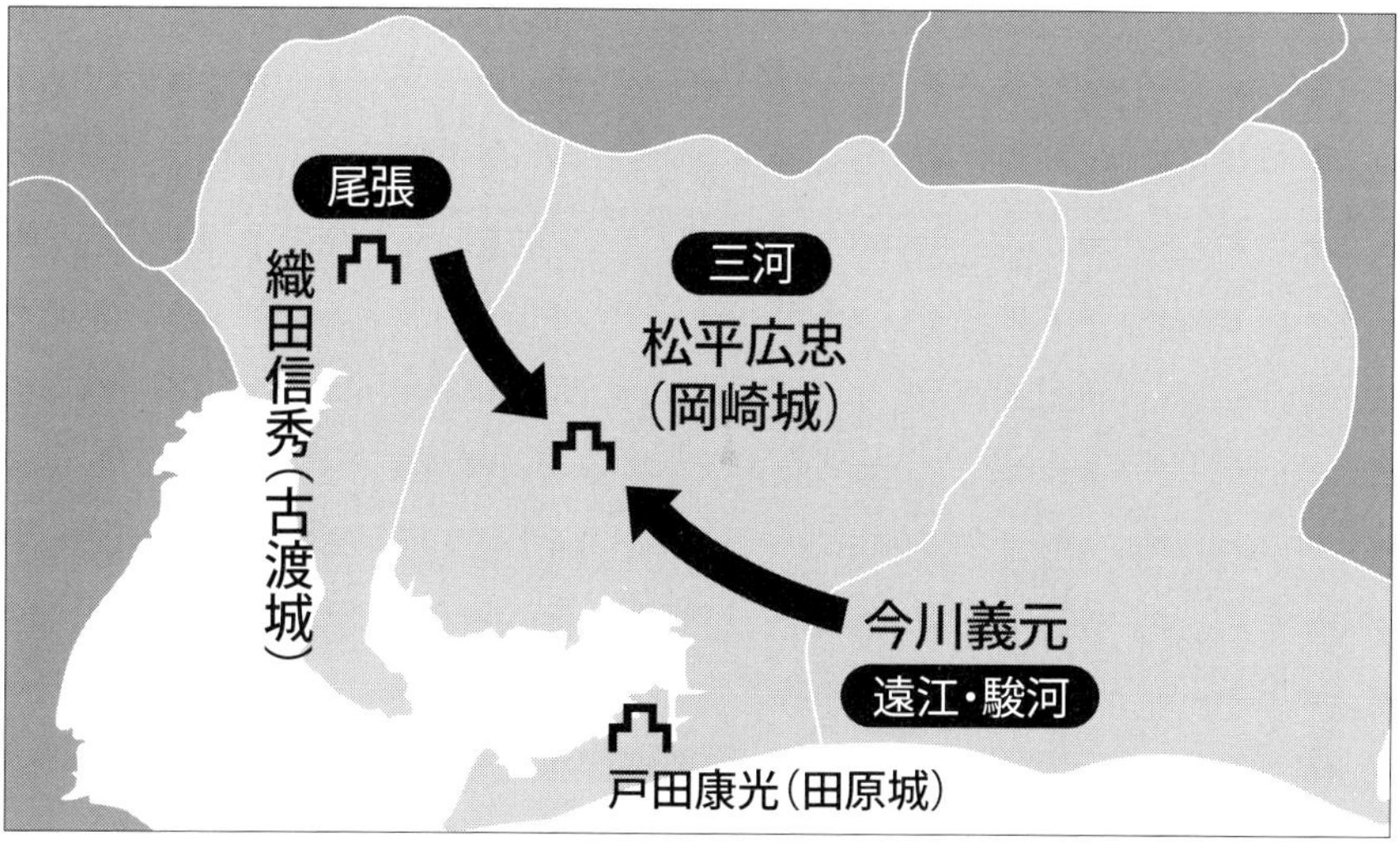

考えると、それはありえない話であった。また、あの冷酷無比な信長が家康に対しては、妙に優しい。計算高い家康が、信長に対してだけは、実に素直だ。

そんな2人の親密な関係は、おそらく、この時に育まれたと思われる。信長と出会わなかったら、家康の天下統一はなく、日本に江戸時代は存在しなかったことになる。

また、あまり知られていないが竹千代の人質生活は、一人ではなかった。「お側小姓《そばこしょう》」と呼ばれる同年代の子どもが5人〜7人付き従い、竹千代の身の周りの世話をしたり、遊び相手をしたり、共に人質として寝食をともにしたという。

お側頭として石川与七郎（のちの数正）7歳、年長の天野又五郎（のちの康景）11歳、阿倍徳千代（のちの正勝）7歳、平岩七之助（のちの親吉《ちかよし》）6歳、一族の松平与一郎（のちの忠正）5歳。盛装した子どもたちが勢ぞろいする様は、まさに武者人形を見るようだったという。

この時の小姓こそ、家康の側近として、数々の戦いに参陣し、終生家康を支え続けた三河武士たちである。この時、竹千代は仲間の大切さを学んだことだろう。

【コラム】

松平氏のルーツ、豊田市松平郷

9代家康の時代に、「徳川」を名乗った

延元4（1339）年、長阿弥（有親《ありちか》）と徳阿弥（親氏《ちかうじ》）という2人の親子の僧が、大浜（碧南市）の称名寺を訪れている。父親の長阿弥はこの地で逝去したが、徳阿弥はこの後、矢作川をさかのぼり三河を放浪した。

　三河の山間部にある松平郷（豊田市）に入った徳阿弥は、豪族・在原信重が催した連歌の会が縁で、信重の次女の婿となり松平太郎左衛門親氏《ちかうじ》と名を改め、家督を継いだ。この松平親氏こそ、松平家の初代である。親氏は経済活動を通じて、やがて乙川上流の中山17名を攻め取り、松平郷内に城を築いた。

　跡目を継いだ弟の2代泰親《やすちか》は、3年半ほど家督を務めたのち、その跡を親氏の次男・信光に譲った。3代信光は、岩津（岡崎市）を拠点に、室町幕府政所執事であった伊勢氏の被官として活動し、西三河一帯に勢力を広げていった。信光の時代に、松平氏は嫡流の岩津松平氏のほかに、子息や親類の安祥、五井、長沢、大給、竹谷、形原、岡崎など18松平を形成していった。

　のちの徳川将軍家に連なるのは、このうちの安祥松平氏であり、信光の子親忠《ちかただ》が安祥城（安城市）に配置されたことから始まる。安祥城（安城城）に居城を移し、織田氏と対抗する。その後松平氏は、

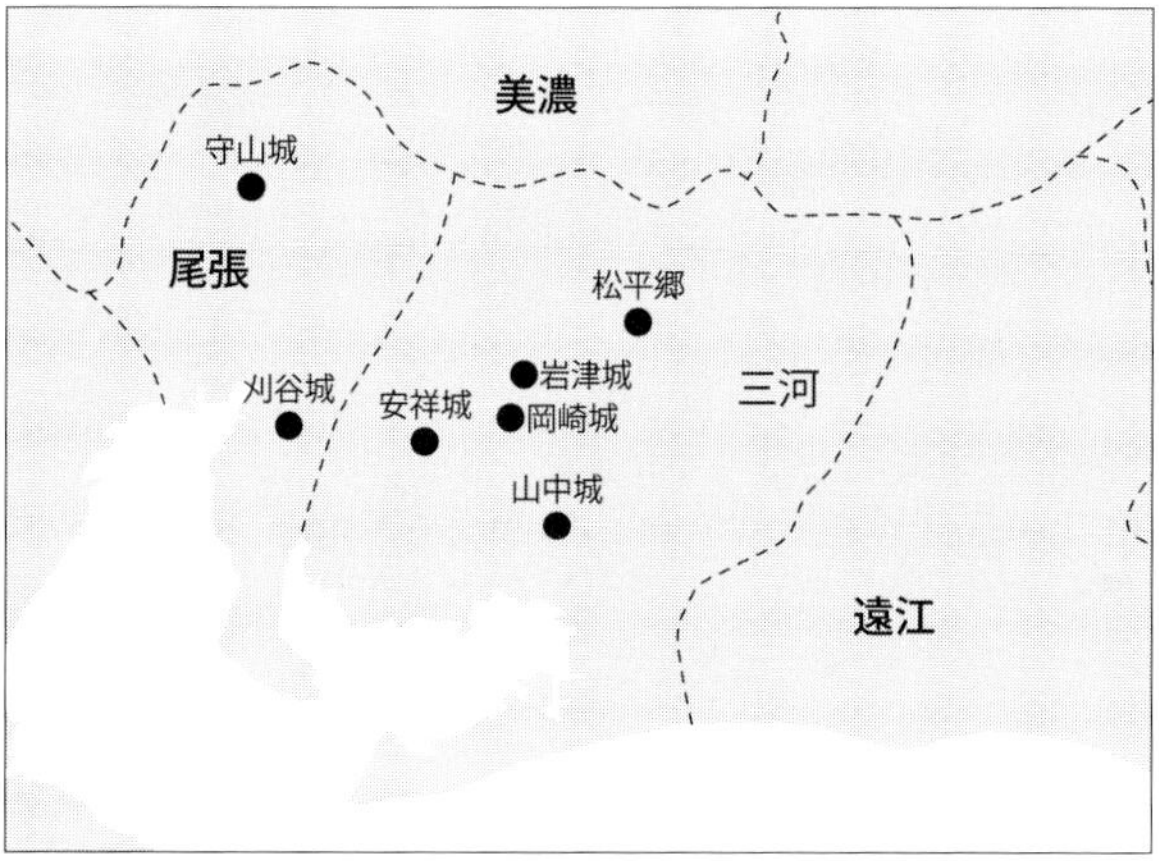

7代清康の活躍により、三河一国をほぼ支配下に置くが、尾張守山城の陣中で、清康が家臣に刺殺され、総崩れとなる（守山崩れ）。
8代広忠は流浪の身となり、駿府今川氏を頼った。天文11（1542）年、このような厳しい状況のなかで9代家康は誕生した。

松平氏略系図

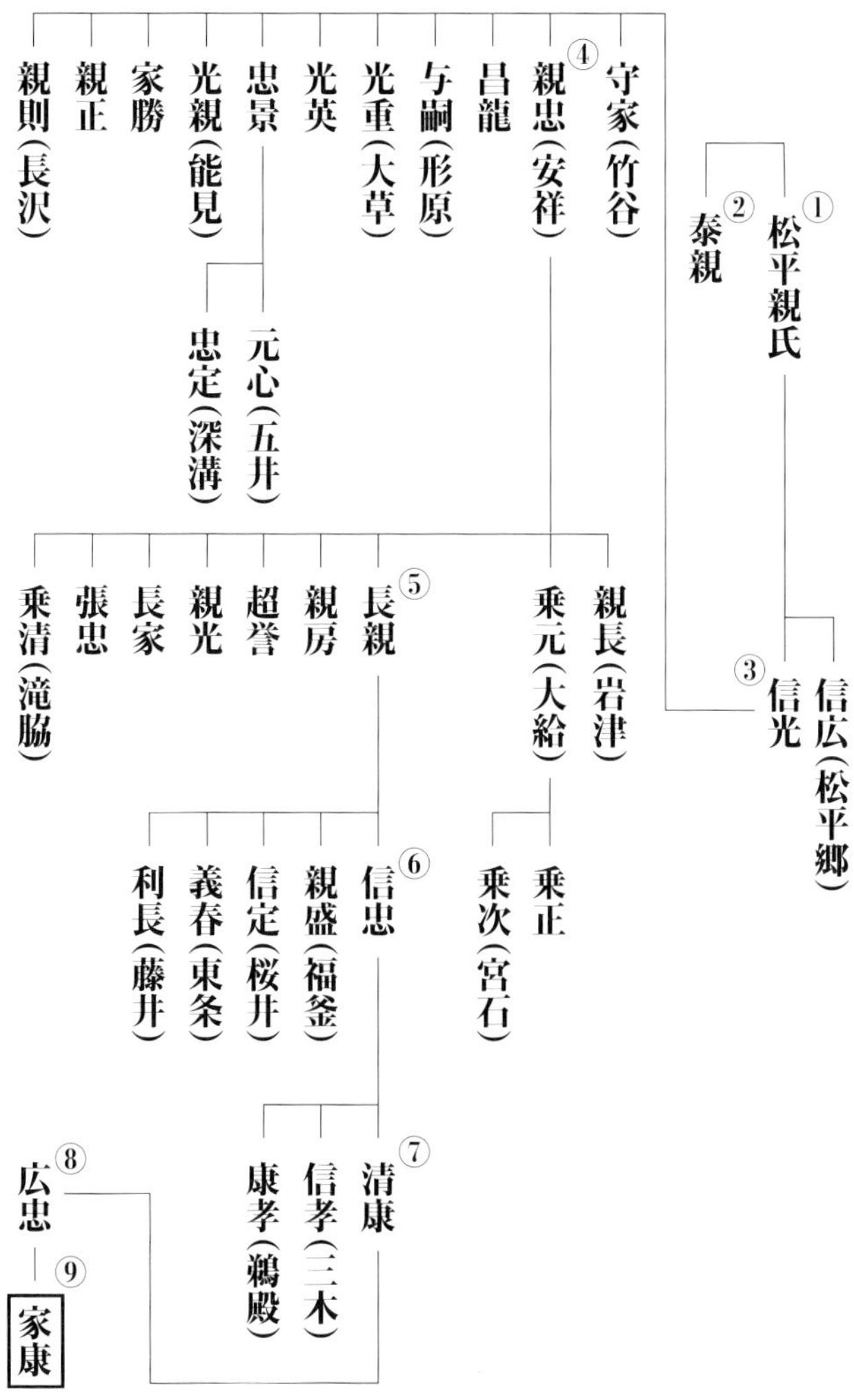

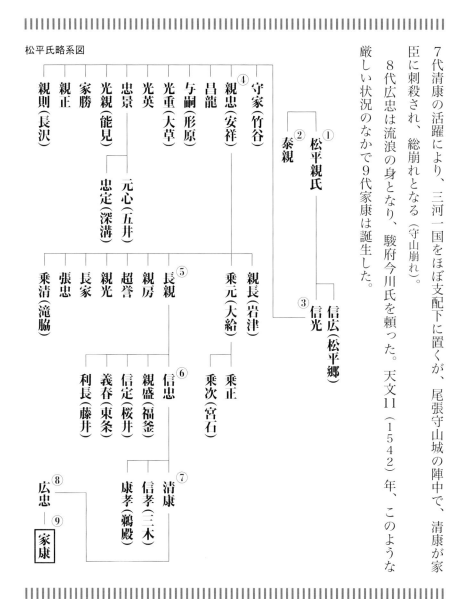

其之弐

「人質」【家康8歳～19歳】

天文18（1549）年～永禄3（1560）年

元服も、初陣も、結婚すらも、
今川家の人質のまま体験。
8歳～19歳まで、
人格形成の最も大切な時期を、
身の危険を感じながら、
肩身の狭い思いで暮らした。

天文18（１５４９）年、年の瀬が迫った12月27日。８歳になった竹千代は、岡崎城主のまま、今度は今川義元の人質として駿府[*1]（静岡）に送られた。この時、岡崎からはお供として７人の小姓[*2]が随行している。駿府での竹千代の住まいは『三河物語』では「少将の宮の町」と記載されているが、諸説あり正確にはわかっていない。

この頃、竹千代は病弱であったため、祖母が付き添って面倒を見たという。祖母とは竹千代の生母・於大の母・源応尼[*3]（のちの華陽院）のことで、源応尼は駿府の智源院[*4]に住み、竹千代が16歳になるまで養育したという。

源応尼は竹千代の勉学のために、当時駿府において、最高の知識人であった臨済寺[*5]・太原雪斎に手習いを学ばせている。現在、臨済寺には、「竹千代の手習いの間」が残っているが、臨済寺は武田信玄の駿河侵攻によって焼失したため、現在の建物は江戸時代に復元されたものである。

当時の今川義元は、「海道一の弓取り」として絶大な力を持っており、駿府城下町は、戦国三大[*6]文化と言われた今川文化が花開き、とても繁栄していた。もともと今川家は、義元の母・寿桂尼[*7]が、京都の権大納言・中御門宣胤《のぶたね》の娘であったことから公家との関係が深く、京風文化が浸透していた。

そんな駿府で竹千代は、弘治元（１５５５）年に14歳で元服。義元から「元」の一文字をもらい松平次郎三郎元信と名乗った。さらに弘治３（１５５７）年、16歳になった元信は、義元の勧めで瀬名姫[*8]（義元の姪）と結婚した。一人前になった元信は、その翌年の永禄元（１５５８）年、義元から西三河の寺部城攻めを命ぜられ初陣を飾り、その直後に蔵人元康と名を改めた。

駿府での竹千代の人質生活は、８歳～19歳までであった。現在の満年齢に置き換えると６歳～17

歳で、人生において最も多感で、知識欲旺盛な時代を駿府で過ごしたことになる。

それから2年後の永禄3（1560）年、義元は2万5千の大軍を率いて尾張侵攻を始める。「桶狭間の戦い」である。その時も、松平元康ひきいる三河武士団が先鋒を務めた。

＊1　駿府《すんぷ》　現在の「静岡市」で、駿河国の国府が置かれていた都市。室町時代から戦国時代にかけて今川氏の城下町として栄えた。今川氏は京の都を模して駿府の町づくりを行い、現在でも地名や町名等に京都と同じ地名や町名が残る。

＊2　7人の小姓（人数は諸説あり）　最年長で17歳の石川与七郎（のちの石川数正）、16歳の石川彦五郎（のちの石川家成）、13歳の天野又五郎（のちの天野康景）、11歳の鳥居彦右衛門（のちの鳥居元忠）、9歳の阿部徳千代（のちの阿部正勝）、8歳の平岩七之助（のちの平岩親吉）、6歳の松平与一郎（のちの松平忠正）の7名。

＊3　源応尼《げんおうに》（華陽院）　名前は「於富の方」あるいは「於満の方」。水野忠政の継室として竹千代（徳川家康）の母・於大を生む。駿府・智源院で落飾し、源応尼となり竹千代を養育した。江戸時代になると、源応尼の法名「華陽院」にちなんで、智源院を「華陽院」という名に改めた。

＊4　智源院（のちの華陽院）　源応尼の菩提寺。源応尼の50回忌の法要を営んだ際に、華陽院と名を改めた。静岡県静岡市葵区鷹匠2丁目24‐18。

＊5　臨済寺　今川氏の菩提寺で、人質時代の徳川家康が手習いをしたと伝わる寺。今川

氏・徳川氏にまつわる宝物類が多数残っている。静岡県静岡市葵区大岩町7-1。

＊6 戦国三大文化　大内氏の周防（山口）、朝倉氏の越前・一乗谷（福井）、今川氏の駿府（静岡）。

＊7 寿桂尼《じゅけいに》　今川氏親の正室で、京都の公家・権大納言宣胤の娘。京都から駿府へ、貴族文化を持ち込む。夫亡き後は、若年の義元を補佐して女戦国大名として領国運営を指揮した。

＊8 瀬名姫（築山殿）　本名は瀬名。別名を鶴姫。岡崎時代に築山に住んでいたことから「築山殿」と呼ばれた。徳川家康の正室で、松平信康や亀姫を産んだ。関口氏純《うじずみ》の娘で、今川義元の姪にあたる。晩年、武田氏への内通が疑われ、織田信長の圧力によって死に追いやられた。

【なぜそうなったのか？】

竹千代を人質に、三河衆を尾張攻略の先鋒に

8歳～19歳まで、竹千代の人質生活が12年間にも及んだ理由は、群雄割拠する戦時状況のなかで、今川義元の考えが変わってきたからである。当初義元は、単純に松平氏に対する人質として竹千代を預かった。岡崎城に城代を送り、まんまと三河を手中に収めると、今度は尾張攻略のために、竹

千代と三河衆を利用しようと考えた。

　当時の状況を説明すると、この頃、東海地方では3つの大国が覇権を競っていた。甲斐[*1]（山梨）を拠点とする武田信玄[*2]、相模[*3]（小田原）を拠点とする北条氏康[*4]、そして駿府の今川義元である。3者は戦国時代を代表する名将で、領地が隣接しているため、長年、対立と協力を繰り返してきた。

　ところが天文23（1554）年、その3国が、甲相駿[*5]三国同盟を結ぶ。この締結によって3家は背後の憂いがなくなり、武田は信濃方面へ。北条は北関東や房総半島へ、今川は三河・尾張方面へ侵攻していく。

　義元は、岡崎城主である竹千代を人質にすることにより、三河衆と三河を支配。さらに、三河衆を尾張（織田氏）攻略の先鋒隊として利用すると同時に、三河を尾張からの防波堤とした。そのため、竹千代に対しては粗略な扱いはしなかったが、その家臣たちの扱いは極めて過酷だった。三河衆は、岡崎城に入った今川家の城代に従わねばならず、合戦では捨て石のような悲

惨な役目を背負わされた。幼主である竹千代が駿府にいる以上、逆らうことはできない。それでも三河武士団は、松平家を見限らずに、いつか来る独立の日を信じていた。

名古屋はもともと、今川氏の領土であった

天文7（1538）年、織田信秀（信長の父）が今川氏豊（義元の弟）から[*6]那古野城を略奪するまで、那古野（名古屋）は今川氏の領土であった。そもそも那古野（名古屋）は鎌倉時代以前から今川名児《なご》耶《や》氏によって支配されており、那古野城も、永正12（1515）年に今川氏一門である名児耶《なごや》高重によって築かれた。ちなみに、那古野を本拠地とし、戦国一のイケメン・[*7]名古屋山三郎を輩出した名古屋氏も、もとは今川氏の流れである。

よって、今川義元にとって那古野城奪取は、長年の悲願であり、織田氏に奪われた領地を奪い返す、ごく当然の行為であった。かつて「桶狭間の戦い」は、今川軍の「京への上洛」が合戦の理由と言われていたが、真の目的は、悲願の尾張奪回ではなかったかと思うのだが、どうだろう。

＊1　甲斐《かい》国　山梨県中西部、釜無《かまなし》川東岸にある都市。かつて武田信玄の居城「躑躅《つつじ》ヶ崎《さき》館《やかた》」があった。現在の山梨県甲府市。

＊2　武田信玄　戦国時代を代表する武将。戦国最強の武田軍を率いて連戦連勝の強さを誇った。天下統一をめざして京へ上洛する途中で、病に倒れて志半ばで亡くなった。

＊3　相模国　現在の神奈川県一帯。かつて小田原城を本拠に関東一円を北条氏が支配し

ていた。

＊4 北条氏康　相模国の戦国大名・北条氏の3代目当主。武田氏、今川氏との間に同盟を結んで、関東を支配した。

＊5 甲相駿三国同盟《こうそうすん》　甲斐の武田信玄、相模の北条氏康、駿河の今川義元が結んだ軍事同盟。地名の頭文字を取って「甲相駿」と呼ばれた。

＊6 那古野城《なごや》　今川氏が築城した城。現在の名古屋城二之丸に建っていた。信長の父・織田信秀が今川氏豊から奪い取り、織田家の城となった。織田信長が城主を務めたことでも知られる。

＊7 名古屋山三郎《なごやさんざぶろう》　戦国時代の武将。名古屋（那古屋）因幡守高久（敦順）の次男。母は織田信長の縁者の養雲院。美少年の誉れが高く、世に名高き伊達者と流行唄《はやりうた》にも歌われた人物。妻は歌舞伎の創始者である出雲阿国《おくに》ともいわれる。

【駿府での人質時代】

14歳で元服し、元信と名を改める

弘治元（1555）年3月、14歳になった竹千代は人質のまま元服[*1]した。その時、今川義元より一字「元」をもらい、幼名の竹千代から松平次郎三郎元信と改名した。元服の式は駿府の今川館[*2]で

行われ、冠をかぶせる「加冠」の役を今川義元、童髪を成人用に結い直す「理髪」の役は関口氏純[*3]が務めた。同時に、義元から大小の刀も与えられた。

元信はこの時、「父広忠の法要を営みたい」と義元へ願い出て、この年の5月に許され、久々に岡崎の土をふんだ。岡崎に帰ると、三河衆が続々と集まり、大歓迎を受けた。もちろん、今川氏に遠慮があるため、正式な謁見はできないが、お互いに目と目を見つめ合い、臥薪嘗胆の想いを確認し合ったという。

夜になると、今川氏城代の下で奉行を務めていた老臣・鳥居忠吉[*4]が、人目をはばかるように元信を自邸へ招いた。かすかな灯をたよりに蔵の中を覗き込み、元信は息をのんだ。そこには、城代の目を盗んで苦労して貯めたであろう米俵と青銭が山積みにされていたのだ。「岡崎城復帰の際には、松平家再興のために役立ててほしい」忠吉はそう言って、手を合わせたという。

16歳の時に、義元の姪・瀬名姫と結婚

弘治3（1557）年1月15日、元信は駿府の今川館で関口氏純の娘・瀬名姫（のちの築山殿）と結婚した。関口氏純は、さきの元服式の時に理髪の役を務めた者で、義元の妹を妻にしていた。よって瀬名姫は、義元の姪にあたる。義元は、姻戚関係で元信を縛り、今川氏への忠誠を誓わせようと考えたのである。瀬名姫は、元信より3、4歳年上、あるいは9歳年上だったというが、人質の元信に選択の自由はなく、元服も結婚も、すべては義元の命令に従うしかなかった。

家康（当時は元康）と瀬名姫の間には、永禄2（1559）年に長男信康、永禄3（1560）年に

長女亀姫が生まれたが、妻子ともに駿府に留め置かれた。

17歳で初陣、寺部城を攻める

元信の初陣は永禄元（１５５８）年２月５日。織田信長方へ寝返った鈴木重辰の居城・西三河の寺部城[*5]の攻略であった。それまで義元の命令によって先鋒として働いていた三河衆も、この時は元信の初陣ということで奮い立った。しかも、勢いに乗って広瀬、拳母、梅坪などの城も攻め、老臣たちはその若武者ぶりに落涙したという。合戦後、義元は褒美として、旧領のうち山中３００貫文の地と、腰刀を元信に贈っている。同年7月、元信は、祖父・清康の一字を取って名を蔵人元康と改めた。義元が、織田信長の「信」という字を嫌ったという説もある。

＊１　竹千代の元服　弘治２（１５５６）年1月15日の説もある。その場合、竹千代は15歳であった。元服とは子どもから大人になる儀式で、武家の男子は12歳～16歳の間に行った。儀式では、子供の髪型の代名詞である「総角《あげまき》」から髪を結って冠を着ける。

＊２　今川館　駿府を本拠地にした今川氏の館で、現在の駿府城は、今川館の跡地に建てられた。しかし、永禄11（１５６８）年の武田氏による駿府侵攻により灰燼に帰し、しばらくの間荒廃したままだった。それから20年後、浜松から駿府に本拠を移した家康によって駿府城が築城された。

＊３　関口氏純《うじずみ》　今川関口家の当主で、駿河今川氏の有力家臣。妻は今川義元の妹（養妹

とも）とされるが、実兄の瀬名氏俊の話の誤伝とする説もある。徳川家康の正室・瀬名姫（築山殿）の父。

＊4　鳥居忠吉　松平清康・広忠に仕えた老臣。竹千代の人質時代、今川氏から派遣された城代の下で総奉行を務めた。忠吉の下で松平家臣団は結束し、貧しさに耐え、いざ合戦となると、命を惜しまぬ戦いぶりを見せた。

＊5　寺部城　現在の豊田市寺部町にある城。文明年間（1469～1487年）に鈴木重時によって築かれた。寺部鈴木氏は、寺部城を本拠に高橋荘東部を支配して、同地域に勢力を拡大しようとする松平氏と対立した。

その時、家康は……。

12年にも及ぶ駿府での人質生活は、家康に多大なる影響を与えた。もちろん、決して悪いことばかりではなかった。当時の駿府には、京都から最先端の文化や芸能が入り、大いに栄えていた。家康はここで、武士の嗜《たしな》みである学問、兵法、芸能、武術などを身に着けることができた。

家康が亡くなった時、駿河御《するが》《お》譲本《ゆずりぼん》（蔵書）が遺品として尾張藩、紀州藩、水戸藩へ譲られたが、その多岐にわたる膨大な書籍から、いかに家康が古今東西の史書に通じていたか、伺い知ることができる。

また、家康は武術にも秀でていて弓術、馬術、剣術、水泳、柔術など武芸百般を身に着けていたという。人質の身でありながら、家康は駿府で、英才教育を受けていたのである。

また駿府の自然環境も、家康の心を癒したようだ。縁起の良い初夢として「一富士、二鷹、三茄子」という諺があるが、これは家康の好みでもあったという。家康は富士山が大好きで、晩年、隠居城である駿府城を築城した際も、天守のシルエットを富士山の形にしたほどだ。また家康の鷹狩は有名で、これも駿府で覚え生涯の趣味となった。三つ目の茄子は、三保半島で栽培されていた折《おり》戸茄子《どなす》のことで、家康の大好物だった。

そして、駿府で出会った「人」たちは、家康の生涯の財産となった。いい悪いは別にして、当時「海道一の弓取り」と謳われた大大名の今川義元、当代一の軍師であり文化人であった太原雪斎をはじめ、駿府で優秀な人々に接したことは大きな刺激になった。そして、苦難をともに乗り越えた7人の小姓たちとの出会い。6歳~17歳の小姓たちは、陰に日向に家康の身の周りの世話を行い、大人になってからも家康の忠臣として働いた。家康は小姓たちとの生活を通して、「組織の大切さ」と「人が宝」であることを強く認識し、家康の性格に色濃く反映された。そして、もう一人。家康の宿舎の隣には北条氏から今川へ人質として送られていた当時5歳の北条助五郎（のちの氏規《うじのり》）がいた。竹千代と助五郎は同じ境遇からか、大の仲良しとなり、その絆は生涯続いたという。40年後、豊臣秀吉による「小田原征伐（北条氏との合戦）」の際も、家康は氏規の命乞いを行っている。

【コラム】

『徳川実紀』に記された、徳川家康の人質時代のエピソード

19世紀前半に編纂された『徳川実紀』に、人質時代の徳川家康（当時は松平竹千代）のエピソードが記載されている。竹千代の人となりを知るために、いくつか紹介しよう。ただし『徳川実紀』は、江戸幕府の公式史書なので、過剰なほど家康の行いが美化されており、どこまでが真実かは疑わしい。

《知恵のない鳥（6歳）》

天文16（1547）年、竹千代が織田家の人質として羽城（熱田）に捕らえられていた時、熱田の神官が退屈を慰めようと、「他の鳥の鳴き声」を真似する小鳥（クロツグミ）を献上した。近侍の者たちは、その小鳥の声を聞いて感心したが、竹千代は興味を示さず、小鳥を神官に返してしまった。

その理由を近侍に問われると竹千代は、「この鳥は、物真似は得意だが自分の声を持っていない。小器用なだけのものが、大将たるべき者の慰めにはならない」と答えたという。それを聞いた者たちは、まだ幼いのに、このような考えに至るとは、将来はどれほど立派な主になることだろうと感激したという。

《竹千代の立小便（10歳）》

天文20（1551）年の正月、駿府の今川館では、家臣たちが今川義元に、年始の挨拶をするために集まっていた。竹千代も同席していたが、人質の立場であるため大広間の隅

にいた。
家臣のなかには竹千代を知らない者も多く、「あの童は誰だ？」、「あれが三河の厄介者よ！」などと、ヒソヒソ話をしていた。そのやり取りを聞いていた竹千代は、突然立ち上がり、縁側に向かうと、家臣たちが見ているのにも構わず、庭に立ち小便を始めた。家臣たちは、あまりの行為に唖然となったが、竹千代は、放尿を終えると、何事もなかったかのように、また元の場所に戻り、どっかと座った。この常識外れとも言える行為を、堂々とした態度で行った竹千代に、「さすがは岡崎城の城主よ」と言って、家臣一同は感心したとされている。

《大将の器（10歳）》
天文20（1551）年、竹千代が今川の人質として駿府にいた時、安倍川の河原で石を投げ合って戦う「石合戦」を見物した。一隊は300人、もう一隊は150人で、誰もが人数が多い方が勝つと予想したが、竹千代だけは「少ない方が必ず勝つ」と断言した。
石合戦が始まると、確かに大勢の方は敗走し、少数の方が勝った。竹千代はそれを見て、「大勢の方は農民で、小数の方は武士である。小数の者たちは、腹をくくって恐怖心はなく、隊列もよく整っていた」と話したという。今川義元はこの話を聞き、「大将を出す家柄に、まさしく大将となる人間が現れた」と言って、彼に目を掛けるようになったという。

《百舌事件（10歳）》
鳥居元忠は13歳の時から3歳年下の竹千代に仕えていた。ある日、百舌《もず》を使って、鷹狩のまねをして竹千代の遊び相手をしていたが、元忠が、自分の手に百舌を乗せたところ、竹千代から「百舌の置き方が悪い！」と縁側から突き落とされてしまった。

周囲の者は竹千代を諌め、元忠を心配したが、当の元忠は「私は以前、父の忠吉から『普通であれば、あの忠吉の子だからと遠慮する所を、思ったまま戒めるとは、竹千代さまは大将の器量を備えておられる。小事は注意するに及ばぬ。ただ忠勤に励め』と告げられましたので、気にしていません。」と答えたという。

《将来、おそるべし（15歳）》

弘治元（１５５５）年、竹千代が15歳になり元服し、名を「次郎三郎元信」と改めると、今川義元は岡崎に戻って領地の支配をするように命じた。元信は義元にこれまでの礼を述べたあと、「自分は若輩なので岡崎城の本丸ではなく二ノ丸に住み、これまで岡崎を差配していた山田新右衛門にそのまま本丸にいてもらっていろいろ教えを請いたい」と言ったという。

義元は元信の分別に驚き、またこの話を伝え聞いた上杉謙信は「将来、おそるべし。稀代の名将となるだろう」と感嘆したという。

其之参

「桶狭間の戦い」【家康19歳】

永禄３（１５６０）年

必死の思いで、
大高城へ兵糧を運んだ松平元康隊。
本隊の到着を待っていると、
「今川義元、桶狭間で討死！」
の知らせが入る。
敵に囲まれ、孤立する松平隊。

甲州（武田信玄）、相模（北条氏康）、駿河（今川義元）による「甲相駿《こうそうすん》三国同盟」が成立すると、背後を衝かれる心配がなくなった今川義元は、全力で尾張攻略へ向かう決意を固める。そして日本の運命が変わる、永禄３（１５６０）年５月がやってくる。義元は５月12日、２万５千の兵を率いて駿府を出陣。松平元康も、今川軍の先鋒隊として、三河衆８００余騎を率いて参陣した。「桶狭間の戦い」[*1]の始まりである。

この戦いにおいて元康は、義元から「大高城[*2]へ兵糧を運ぶ」という重要な任務を与えられた。大高城は尾張に布石を打った今川方の最前線基地で、それゆえに織田の精鋭部隊が２つの砦（丸根砦[*3]、鷲津砦[*4]）を築いて包囲。大高城は孤立し、兵糧が乏しくなっていた。そんな緊迫した戦場に、大がかりな荷駄隊（荷物を運ぶ部隊）を護衛しつつ、２つの砦を突破するのは極めて危険な任務であった。

「桶狭間の戦い」進軍ルート

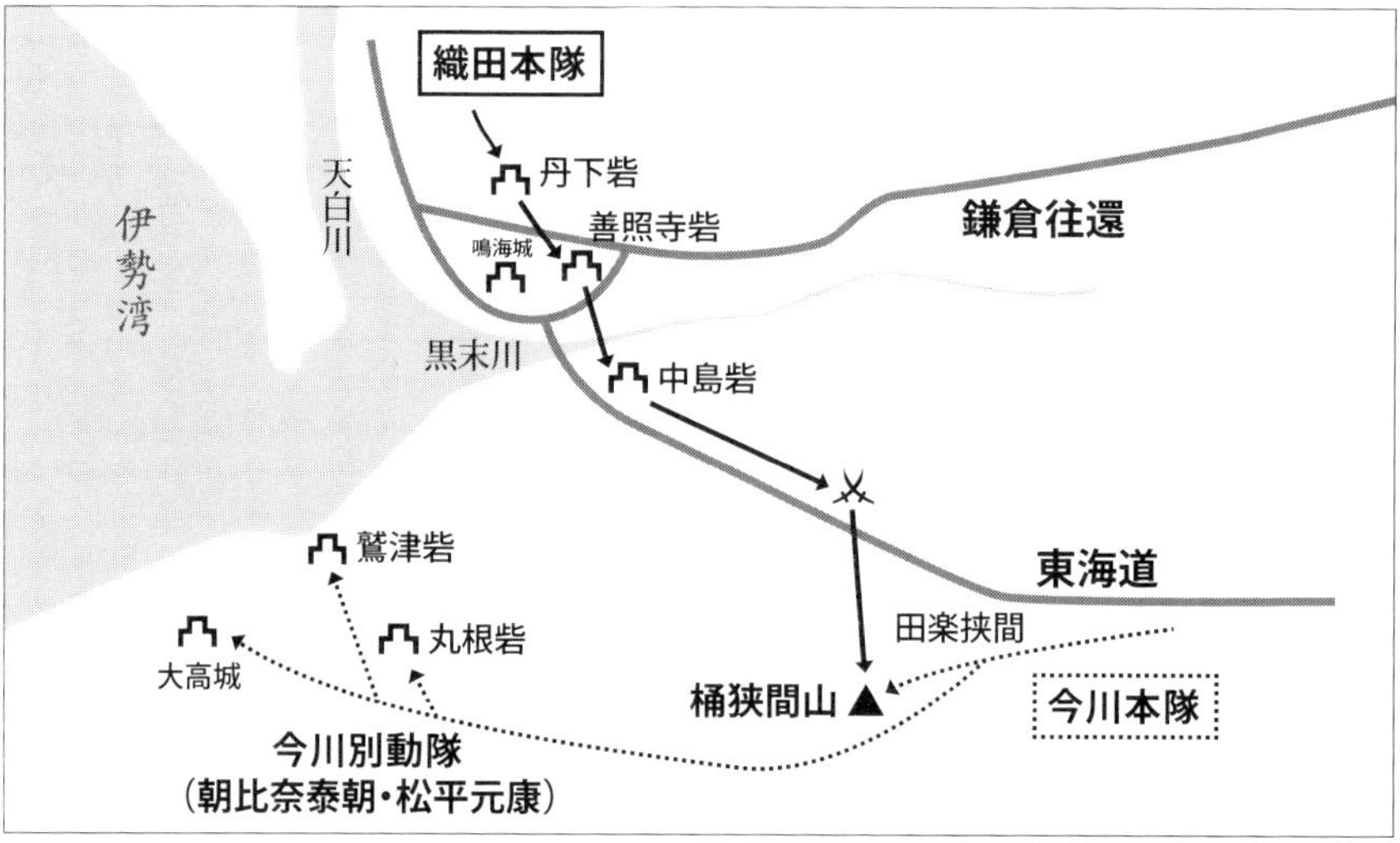

元康は尾張領内に入ると兵を分け、本隊は夜陰にまぎれて敵の砦近くに身を隠し、別働隊は織田方の寺部城へ向かわせた。別働隊が寺部城を攻撃し、城から火が上ると、丸根・鷲津両砦の織田勢は色めき立ち、すぐさま寺部城へ応援に向かった。元康は、砦にわずかな敵兵しか残っていないのを確認すると、１１０頭の馬に４００俵の米を積んだ荷駄隊を引き連れ悠々と大高城へ向かった。

大高城に入った松平元康隊は、休む暇もなく、翌早朝には丸根砦を攻め落とし、つづいて鷲津砦も陥落した。その頃、義元率いる今川本隊は、沓掛城[*5]を出て大高城へ向かう途中であったが、その知らせを聞いて大いに喜んだという。

その後義元は、桶狭間において織田信長によって討たれるのだが、大高城の元康は、それを知る由もない。元康に、義元の訃報が届いたのは、翌日の夜遅くだった。元康は最初、その話を信じなかった。合戦の最中に嘘の情報を流すのは戦術の１つであったし、２万５千の大軍が、田舎侍のわずかな兵に敗れるはずがない。ましてや、大将自身が戦場で討たれるなど、当時の合戦の常識としては、ありえない話だったからだ。

あらゆる手立てを使って義元の死が事実だと確認すると、元康は恐怖に震えた。今川勢はすでに駿府へ敗走し、周囲は織田勢によって囲まれていた。敗軍の撤退は容易ではない。織田軍をはじめ、近隣の土豪や百姓らが落武者狩りを行っているかもしれない。

＊１　桶狭間の戦い　永禄３（１５６０）年、今川義元軍２万５千と織田信長軍２千５百が戦った戦国時代の合戦。予想に反して、信長軍が勝ったため、世紀の番狂わせと

いわれた。

＊2　大高城　今川軍が尾張領内に築いた前線基地。織田軍によって包囲され、兵糧攻めをされていたが、松平元康が兵糧を運び入れ、危機を救った。

＊3　丸根砦　大高城を包囲し、監視するために築いた織田方の砦。桶狭間の戦いの時は、佐久間盛重隊を将とする織田軍が立てこもっていた。

＊4　鷲津砦《わしづとりで》　大高城を包囲し、監視するために築いた織田方の砦。桶狭間の戦いの時は、信長の家臣である飯尾定宗や織田秀敏らが立てこもり、今川方の朝比奈泰朝に攻撃され全滅した。

＊5　沓掛城《くつかけ》　今川本隊が、「桶狭間の戦い」の前日に宿泊した城。現在は沓掛城址公園として整備されている。

【なぜそうなったのか？】

戦勝ムードに浮かれ、今川軍は酒席を開いた

なぜ、松平元康隊が織田軍に囲まれ大高城で孤立したのか？　信頼できる史料『信長公記』を基に、「桶狭間の戦い」を再現しながら、説明したい。永禄3（1560）年5月12日、義元は2万5千の大軍を率いて駿府を出陣。13日掛川城、14日引馬城、15日吉田城、16日岡崎城、17日池鯉鮒《ちりゅう》（知立）

城と軍を進め、18日には尾張の国境を越え沓掛城へ入った。

ここで義元は尾張攻略の軍議を開き、先鋒隊の元康に「大高城への兵糧入れ」を命じた。元康は、その日の深夜、８００余騎の手勢を引き連れ大高城へ向かった。

一方、今川本隊は翌19日に沓掛城を出発し、先鋒隊が地ならしをした安全な道を、大高城へ向かって進軍していた。午前8時頃、大高城から丸根砦・鷲津砦陥落の吉報が入り、今川軍は戦勝ムードにわいた。近隣の農民たちからは、祝いの食べ物や酒が届き、昼頃には桶狭間で酒宴を開き、義元は満足そうに謡《うたい》を3番うたったという。

その頃、織田信長軍は熱田神宮で必勝祈願を行い、決死の戦いに臨むべく山中を進んでいた。信長軍は、死に物狂いだった。「義元は桶狭間山に仮設の陣をはり休息中」という情報を得た信長は、桶狭間に向け全軍に進撃を命令した。

桶狭間の戦い要図

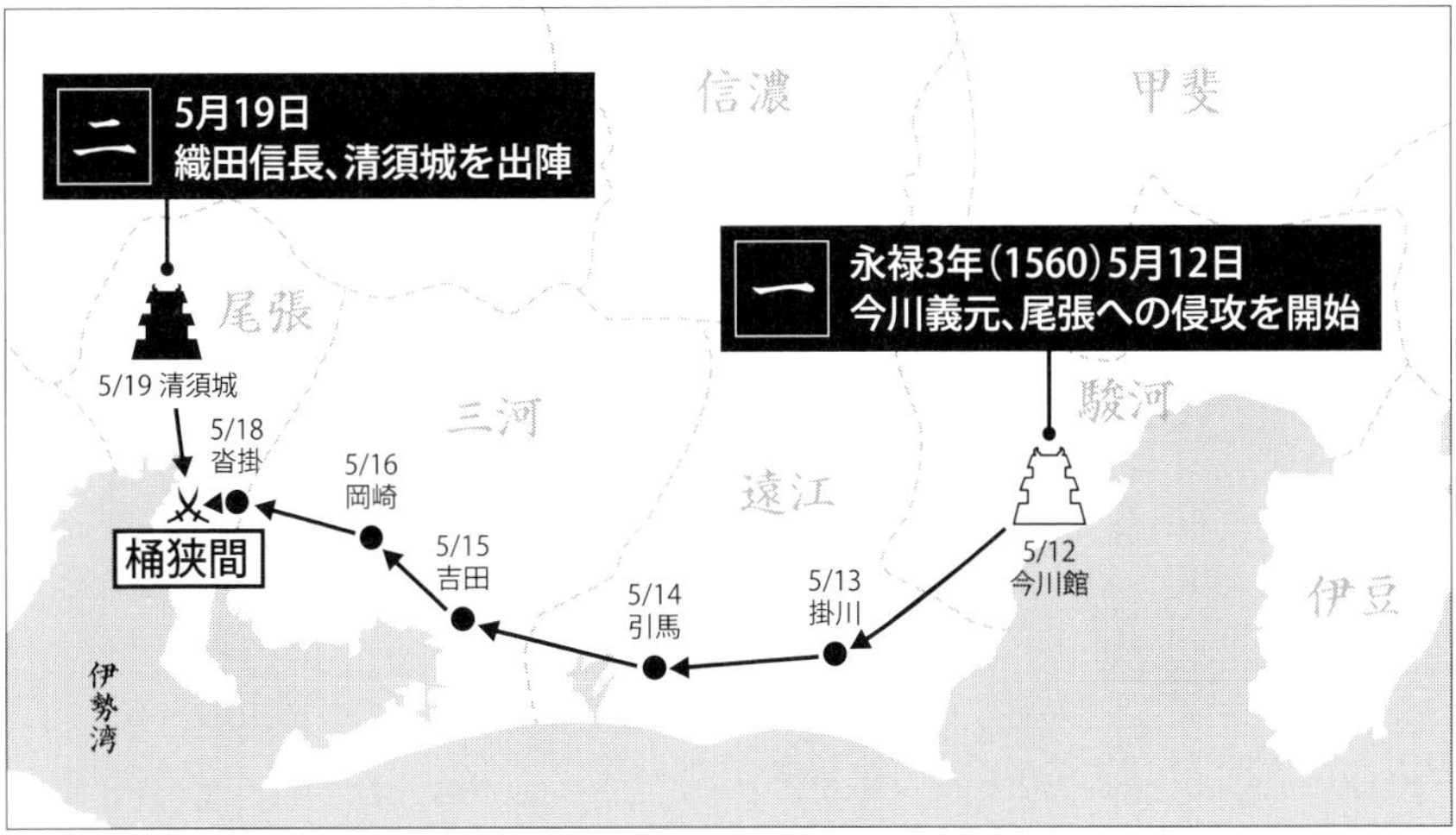

死に物狂いの織田軍は、義元のみを標的に

午後2時ごろ、突然降り始めた激しい雨のなか、信長軍は天幕を張った義元の本陣をめがけ、一気に山の斜面を駆け上った。大きな雨音で、誰も織田軍の襲来には気づかない。突然の敵兵の登場に、今川軍は蜂の巣をつついたように逃げまどい、辛うじて応戦できたのは300騎ほど。それも見る間に50騎に減り、ついに義元は織田軍に包囲された。一瞬の出来事に、何が何だかわからない義元は、服部小平太に槍を突き出され、初めて織田の奇襲に気づいたほどだった。かろうじて小平太の槍をかわし、逆に膝を斬りつけた義元だったが、続いて襲いかかった毛利良勝に斬り伏せられ絶命した。

大将である義元が討たれたことにより、今川軍はなす術もなく敗走した。2千5百の信長軍が2万5千の今川軍を破った、これが「桶狭間の戦い」の真相である。まさに日本の運命を変えた奇跡の大逆転劇であった。

何も知らない元康は、大高城で、今か今かと、今川本隊の到着を待っていたことだろう。こうして、松平元康隊は、大高城に取り残され孤立した。いつ、織田軍が襲い掛かって来てもおかしくない、極めて危険な状況であった。

【岡崎城への帰還】

夜陰にまぎれ、必死の大高城脱出

「今川義元、討死！」の知らせは何度も届いていたが、松平元康は大高城を動こうとはしなかった。人質生活が長かったせいか、元康は心配性で、用心深く、何をするにも慎重になっていた。伯父である水野信元の使者・浅井道忠[*1]から説得され、岡崎城[*2]の信頼できる筋から書状が届き、ようやく重たい腰を上げた。

一行は道忠の案内で、夜陰に紛れて大高城を脱出し、まず今川氏の拠点である池鯉鮒城[*3]へ向かったが、すでに今川勢は退去していた。それどころか、織田勢の武者狩りに出くわした。この時、先導していた道忠が機転を利かし、「我々は水野元信の家臣である。殿の命令で今川軍を追っている。道を開かれよ！」と言い、ことなきを得た。ここから、さらに安祥城へ移動し、矢作川を渡って岡崎城へ帰還する予定であった。

ところが矢作川を渡る渡し舟がない。どうやら今川軍が退却する際に、追手が川を渡れないように舟を処分したようだ。前日の大雨で増水中の矢作川を、舟なしで渡ることはできない。その時、長瀬八幡宮[*4]の森から3匹の白鹿があらわれ矢作川を渡ったという。これを見て「八幡大菩薩の化身である。浅瀬を渡る白鹿に続け」と一同は浅瀬の川を渡り、無事に岡崎へ入ることができた。後に江戸幕府は、この地に松を植えた。以来、この松は「鹿の松[*5]」と呼ばれるようになった。

元康の目を開かせた、大樹寺の教え

矢作川を渡った元康一行は、すぐに岡崎城へ向かわず、菩提寺である大樹寺[*6]に入り、城の様子を伺った。大樹寺には、こんな伝承が残っている。松平元康主従は、落武者狩りに追われて大樹寺に逃げ込んできた。そこで元康は、「もはやこれまで」と観念し、松平家歴代の墓の前で自害しようとしたという。

その時、大樹寺の13代住職である登誉上人[*7]が「厭離穢土、欣求浄土」[*8]の教えを説いて諭し、これによって元康は、生き延びる決意を固めたという。

元康はこの時、大樹寺にある「厭離穢土 欣求浄土」の旗を掲げ、およそ500人もの僧兵と共に奮闘し、落武者狩りの一団を退散させた。なかでも祖洞という怪力の僧兵は、門の閂[*9]を振り回し一団を蹴散らしたという。

以来、「厭離穢土 欣求浄土」という言葉は、家康の座右の銘となり、合戦の際には馬印[*10]として掲げるようになった。こうして元康は、今川軍が退去して空となった古巣の岡崎城に、無事帰還することができた。

＊1　浅井道忠　水野信元の家臣。後に、この時の道案内と警護が認められ、徳川家の家臣となる。主君の水野信元は織田方であったが、元康の伯父（母・於大の兄）であったため元康を救った。

＊2　岡崎城　徳川家康（竹千代）が生まれた城。家康の祖父・松平清康が、拠点を安城

から岡崎へ移した。江戸時代、徳川（松平）家と三河武士の聖地として崇められた。

＊3　池鯉鮒《ちりゅう》（知立）城　現在の「知立」は、江戸時代まで「池鯉鮒」と記載された。池鯉鮒（知立）は池鯉鮒（知立）神社の門前町として発展し、神社の神官であった永見氏の居城・池鯉鮒城が建っていた。

＊4　長瀬八幡宮　源頼義ゆかりの神社。矢作川が洪水のため渡れない時、「弓矢八幡」に一心に祈ったところ無事に川を渡ることができたという。

＊5　鹿の松　鹿が矢作川を渡った場所に、後に松を植え、「鹿の松」と呼ばれた。この時が初陣であった本多忠勝は、鹿のように主君を守りたいという理由で、自分の兜に鹿角をデザインした。

＊6　大樹寺　徳川家・松平家の菩提寺。ここで家康は人生観を確立した。多宝塔は国の重要文化財。

＊7　登誉上人《とうよしょうにん》　浄土宗成道山「大樹寺」の13代住職。「厭離穢土、欣求浄土」の教えに深く感銘を受け元康（家康）は、「位牌は三河の大樹寺へ安置せよ」と言い遺し生涯を終える。その遺命に従い、徳川歴代将軍の等身大の位牌が大樹寺には安置されている。

＊8　厭離穢土《おんりえど》、欣求浄土《ごんぐじょうど》　厭離穢土（穢れた世界を厭い離れ）、欣求浄土（清浄な国土に生まれ変わることを願い求める）という意味。元康（家康）は以後、戦国の世を穢土とし、平和な世を浄土として「厭離穢土欣求浄土」を馬印とした。

＊9　閂《かんぬき》　門の扉が開かないようにする横木。この時、祖洞が振り回した門は、現在、大樹寺に大切に保管されており、見学することができる。

＊10　馬印　戦国時代の合戦において、武将が自分の所在を示すため立てた旗印。馬標ともいう。

その時、家康は……。

いかに波乱万乗な戦国時代においても、2万5千の大軍が、わずか2千5百の兵に敗れるという大逆転劇は、「桶狭間の戦い」以外に存在しない。さらに大軍の大将が、戦場で自らの首を取られるという話も、聞いたことがない。この「ありえない2つの出来事（奇跡）」が起きたことにより、後に織田信長、豊臣秀吉、徳川家康という3人の天下人が誕生する。もし、この戦いで今川義元が勝利していたら、江戸時代も今の日本も、存在しなかった。

話を本題に戻そう。義元の突然の死によって、松平元康は14年にも及ぶ人質生活から解放された。元康の岡崎城帰還に、これまで耐え忍んできた家臣たちは、涙を流して喜んだという。しかし、元康は手放しでは喜べなかった。義元の跡を継いだ今川氏真[*1]が存命であり、勢いに乗って美濃を攻めている信長の動向も気になっていた。

当初元康は、今川氏に筋を通して「ともに亡き義元様の弔い合戦に立ちましょう！」と氏真に呼びかけ、三河国内の織田勢力を次々と追い出していた。もちろん、「弔い合戦」は名目に過ぎず、本音は氏真の真意を探り、今川の看板を利用しながら、少しでも松平の領土を広げるのが狙いだった。同時に元康は、伯父の水野信元を介して織田とも通じていた。

考えに、考えぬいた末、元康は「今川を見限り、織田につく」という人生最大の決断を行う。理由は大きく三つ。今川軍は急速に弱体化し、いまだ弔い合戦を決意しない氏真は、あきらかに暗愚であった。さらに、三河衆を家畜のように扱ってきた今川を、元康は好きになれなかった。そして元康には、尾張の人質時代に兄のように接してくれた信長に対して強い愛着があった。

しかし、大きな問題が2つあった。一つは妻・築山と長男・竹千代[*2]、長女・亀姫が駿河に残っていること。もう一つは、長年にわたり尾張と戦ってきた三河衆にとって、尾張は単なる敵ではなく、親や家族の仇でもあったこと。元康と信長とでは性格も水と油のように異なっており、どんな理由があるにせよ、手を結ぶことなど不可能に近いと思われた。それでも元康は、強引に実行した。人を見抜く天才であった元康に、それほど信長は、魅力的に映っていたのだろう。

永禄5(1562)年正月15日、元康は仲介役の水野元信に伴われて清須城を訪れた。3人は互いに起請文[*3]を交わし、それを焼いた灰を神水に溶かし飲む儀式を行った。これにより「清須同盟」が結ばれた。信長は29歳、元康は21歳。その時、「岡崎[*4](元康)殿は東、わしは西を頂戴する」と言った信長の言葉を、2人とも忠実に実行した。しかも、戦国時代には珍しく、終生破られることはなかった。信長との同盟後、元康はすぐさま今川方の西郡城[*5]を攻めて鵜殿長照の2子を捕虜とし、駿府に残る妻子との交換を実現した。鵜殿氏は、今川氏と親しい関係にあったため、氏真は見捨てることができなかった。

翌永禄6（1563）年、元康の嫡男・竹千代は「信長」の一字をもらい信康と名乗り、その娘徳姫と婚約した。2人はまだ5歳だった。また同年7月には、元康自身も名前を「家康」に変えた。それは今川義元の諱《いみな》一字を返上し、今川氏と完全に絶縁するという決意表明でもあった。

「清須同盟」によって、家康はまるで信長の家臣のように利用され、振り回される。しかし、その見返りは大きく、三河の小大名だった松平氏は、いつしか東海一の大大名へと成長していくのであった。

＊1　今川氏真《うじざね》　今川義元の嫡男。義元亡き後、今川氏の跡を継いだ。その後、武田信玄、徳川家康による駿河侵攻を受けて敗れ、戦国大名としての今川家は滅亡した。

＊2　竹千代　松平家・徳川本家は代々、嫡男の幼名に「竹千代」という幼名を付けた。この場合の竹千代は、のちの信康を指す。

＊3　起請文　人が契約を交わす際に、それを破らないことを神仏に誓う文書。江戸時代まで一般に使われていた。

＊4　岡崎殿は東、わしは西を頂戴する　信長は「清須同盟」を結んだ後、美濃、近江と西へ居城を移し、京へ上洛した。一方、家康は遠江、駿河と東へ進出し、最終的には江戸を居城とした。

＊5　西郡城（蒲郡市）　別名「上ノ郷城」。鵜殿氏の居城で、鵜殿氏は上ノ郷城、下ノ郷城、

不相城、相原城に分かれて、このエリアを治めていた。

【コラム】

母・於大《おだい》と元康の16年ぶりの再会

松平元康は、「桶狭間の戦い」の直前に、ひそかに於大（伝通院）のもとを訪れている。戦場で散る前に、ひと目だけでも母親に会いたいと切望したのである。母子16年ぶりの再会であった。

於大は享禄元（1528）年、知多の豪族・水野忠政と於富の方の娘として緒川城で生まれた。天文10（1541）年に岡崎城主・松平広忠に嫁ぎ、翌年、竹千代（後の家康）が生まれる。ところが、忠政の死後に家督を継いだ兄・水野信元が敵である織田方に寝返ったため、広忠は於大を離縁した。仕方なく於大は、幼い竹千代を岡崎に残して実家へ帰った。その時、於大は17歳、竹千代は3歳だった。

於大は離縁された後、水野氏の居城が緒川城から刈谷城[*1]に移っていたため、しばらく刈谷城近くの椎の木屋敷[*2]で暮らし、その後、阿古居城[*3]（坂部城）主の久松俊勝[*4]と再婚した。夫婦仲は良かったようで、3男4女が誕生している。しかし、初めてお腹を痛めて産んだ竹千代は特別だったようで、その間も、危険を承知で竹千代に頻繁に贈物を送るなど、気にかけていたという。

19歳になり元康と名を替えていた竹千代は、永禄3（1560）年5月17日、池鯉鮒《ちりゅう》城に本陣を置いた今川軍を抜け出し、ひそかに知多半島を南下し阿古居城へ向かった。その当時、知多半島は織田の領地であり、久松俊勝も織田方であったため、元康の命の保証はなかった。

しかし、16年ぶりと聞いた俊勝は、母子の再会を黙認した。それどころか、敵将である元康に温かい言葉をかけ、労をねぎらったという。於大は元康に「どうか生き延びてくだされや」と言って涙を流したという。後に城持ち大名になった元康は、これまでの恩義に報いるかのように、於大を呼び寄せ、あらん限りの親孝行をしている。その時に、於大と俊勝との間に生まれた3人の異父弟と対面した元康は、「のちに三河を統一した際には、弟たちを呼び寄せ共に働きたい」と語ったという。実際、天下人となった家康は、異父弟たちに松平の姓を与え、松平一門として厚遇した。[*5]

ちなみの於大の母・於富の方は、あまりにも美貌であったため、松平清康（家康の祖父）が惚れ込み、和睦の条件として水野忠政と離縁させ継室にした女性である。於富の方は、清康が殺害されたあと、3人の夫に嫁ぐが、いずれも夫に先立たれ、ついに今川義元を頼って駿府へ行った。その後、竹千代が義元の人質になって駿府へ来たため、出家して源応尼と名をかえ、竹千代が元服するまで養育に当たっている。[*6]

＊1　刈谷城　知多半島の豪族であった水野氏が、三河進出のために築いた居城。天

文2年（1533）年、水野忠政が築城し、緒川城から拠点を移した。

＊2 椎《しい》の木屋《き》敷 離婚後、於大は刈谷城へ向かうが、城へは入れてもらえず、阿古居城主・久松俊勝と再婚するまで、椎の木屋敷で暮らしていた。

＊3 阿古居《あごや》城 歴史書や小説では「阿古居城」と書かれているが、現在は「坂部城」と呼ばれている。また地名から阿久比城とも言われる。知多の豪族・久松氏の発祥地。

＊4 久松俊勝 徳川家康の生母・於大（伝通院）の再婚相手として知られる。佐渡守を称した。『東照宮御実紀』には「尾州の智多郡阿古屋の久松佐渡守俊勝」とある。

＊5 3人の異父弟 家康異父弟の久松（松平）康元、勝俊、定勝の3人は、松平姓を与えられるとともに、家康の異父弟であることから、それぞれに出世し、江戸時代にはいずれの家系も大名となった。

＊6 於富の方 於大の実の母である「於富の方」は、駿府で出家して源応尼と名乗り、竹千代が元服するまで面倒を見ていた。永禄3（1560）年に死去。法名は華陽院。

其之肆——「三河一向一揆」【家康22歳】永禄6（1563）年——

「元康」から「家康」へ。
名前を変え、独立を果たした
松平家康だったが、
突然、「三河一向一揆」が勃発。
なんと家臣の約3分の1が、
敵になってしまった。

今川義元の突然の死によって、14年にも及ぶ人質生活から解放された松平元康。義元との関係を完全に断つために、「元康」から「家康」へ名を変え、岡崎城主として新たな一歩を踏み出そうとした途端、足元をすくわれる事件が起きた。「三河一向一揆」の勃発だ。

永禄6（1563）年、家康が今川氏を裏切り織田信長と同盟を結んだため、桜井、大草の両松平一族や酒井忠尚など家臣団内部の反対派が叛旗を翻した。そこに、東条城の吉良義昭などの周辺勢力が同調。事件は、そんな時に起きた。

発端は、家康の家臣・菅沼藤十郎が、上宮寺[*1]に干してあったモミを奪い取ったことから始まる。その頃、菅沼は砦を築いて敵対する上野城・酒井忠尚と対峙していた。モミは砦内の兵糧にするつもりだった。

しかし、上宮寺が浄土真宗本願寺派（一向宗）の寺院だったため、大きな問題へと発展した。一向宗の寺院と松平家との間には、家康の父・広忠の時代に「不入権」[*2]の条約が結ばれていたからだ。怒った一向宗は菅沼の砦を襲い、実力でモミを取り返した。菅沼はこれを家康の重臣・酒井政家に告げ、酒井が使者を送ったところ、一向宗側にその使者が斬られたため、武力で反撃。こうして家康と一向宗との戦いは始まった。

この戦いが家康を苦しめた大きな理由は、家臣の約3分の1が門徒であったことだ。彼らは信仰に殉ずるか、主従の義理を尊ぶかの岐路に立たされた。石川数正、本多忠勝、鳥居元忠などは改宗して、家康の味方についたが、一族が敵味方に分かれたところもあり、多くの者は敵方に回った。戦いは拡大し、西三河は内乱状態となった。一向宗は、本願寺の一族寺院である土呂《とろ》本宗寺《ほんしょうじ》を頂点に、三か寺（佐崎の上宮寺、野寺の本證寺[*3]、針崎の勝鬘寺[*4]）が中心となり、「進者往生極楽　退者無間地獄（進めば極楽へ行けるが、退けば地獄へ落ちる）」を旗印に家康軍に立ち向かってきた。

針崎合戦では、あまりに一揆側に家臣が多いため、いったい誰が味方で誰が敵か、わからないほど混乱を極めた。上和田の戦いでは、家康自身が銃弾２発を受けるほどの激戦が行われ、身に着けていた具足に辛うじて救われるというありさまだった。

しかし、一揆側は連帯しての戦いができず、次第に家康が反攻に転じ、そのうち一揆勢のなかから家康に降伏する者が続出。翌年の２月に和議が結ばれ、三河一向一揆は鎮圧された。

家康は、一向宗寺院に三河国外への退去を命じ、一揆側の吉良義昭、荒川義広は上方へ、酒井忠尚は今川氏真を頼って駿河へ逃亡したが、帰順した家臣の渡辺守綱、蜂屋貞次、夏目吉信、本多正信、松平家次らは浄土宗への改宗を条件に穏便に帰参を許された。

＊１　上宮寺（岡崎市）　三河一向一揆の発端となった寺。１９８８年に本堂や庫裏などが全焼したが、１９９６年に銅版屋根の現代作りで再建された。

＊２　不入権　勢力を拡大した一向宗は、各地域の権力者に「不入権」を認めさせてきた。「不入」とは役人の立ち入りを拒否する権利。「不輸の権」とは税の免除をいう。

＊３　本證寺《ほんしょうじ》（安城市）　鎌倉期の創建で戦国期には三河一向一揆の拠点になった。現在でも鼓楼《ころう》や一部の水濠が残り、城郭伽藍としての面影を見ることができる。

＊４　勝鬘寺《しょうまんじ》（岡崎市）　三河における最初の真宗道場として鎌倉時代に創建。三河一向一

揆の際には本拠地となった。兵火により焼失したが、1734年に再建された。

【なぜそうなったのか？】

当時、西三河を支配していた二つの権力

松平家康が岡崎に戻った頃、西三河は二つの勢力によって支配されていた。一つは、領主である家康率いる松平家。もう一つは、当時「一向宗」と呼ばれた浄土真宗本願寺派だ。

浄土真宗は、浄土宗の開祖である法然の弟子、親鸞が始めた宗教で、本願寺派第8世宗主・蓮如《れんにょ》の時に「ただ阿弥陀如来を信じ、念仏をとなえれば、（貴族や武士だけではなく）庶民も罪人も救われる」という教えが全国に広まり、急速に門徒が増大。武装化した門徒衆が各地でその土地の大名や土豪と対立していた。

とくに西三河は本願寺派（一向宗）との関係は古く、応仁の乱の頃に比叡山衆徒から迫害を受けた蓮如は、西三河の西端（碧南市）まで逃れ、この地を宗門再興の拠点として布教活動を行ったため、西三河全域に寺院が誕生した。

また一向宗は、松平家から不入権を獲得し、寺院や道場を中心に、「寺内町」という自治集落を形成し、そこに信者や商工業者を集め、周囲を濠や土塁で囲んで独自の自治を行っていた。

三河一向一揆関係地図（『新編安城市史』より）

三河統一のため、不入権を破った家康

一向宗の寺院が持っていた「不入権」を、家康の家臣が破ったことが原因で一向一揆は始まった。しかし、戦国大名として三河全域の統一を進める家康にとっては、これは避けられない戦いだった。戦国時代以前は、一つの領地に複数の権力者が混在していたが、戦国時代に登場した戦国大名は一国支配。領土と人民を一元的に掌握し独立国家をめざしていた。家康も、三河の戦国大名として独立するために、三河から一向宗の支配を排除する必要があった。

【ついに三河全域を統一】

西三河に続いて、東三河も制覇

永禄7(1564)年、「三河一向一揆」を鎮圧し西三河を平定した家康は、いまだ今川氏の影響力が残っている東三河の攻略を再開した。ちなみに、ここでいう東三河とは、現在の愛知県豊橋市、豊川市、新城市周辺であり、西三河とは岡崎市、豊田市、安城市、西尾市周辺を指す。

家康の勢力が拡大してくると、今川と松平を天秤にかけていた二連木城の戸田重貞ら東三河の国衆が、今川氏から離反して家康側についた。しかし、駿府城から吉田城[*1](豊橋市)に派遣されていた小原鎮実《おはらしげざね》だけは、家康の勧降に応じなかったため、家康は酒井忠次に命じて吉田城を攻撃させた。これによって小原一党が遠江まで退去すると、今川方として残っていた牛久保城[*2]の牧野成定らも家

郵　便　は　が　き

料金受取人払

名古屋東局
承認

２２４

差出有効期間
2024年
6月30日まで

＊有効期間を過ぎた場合は、お手数ですが切手をお貼りいただきますようお願いいたします。

461－8790

542

名古屋市東区泉一丁目 15-23-1103

ゆいぽおと

家康の10大危機　係行

このたびは小社の書籍をご購入いただき、誠にありがとうございます。今後の参考にいたしますので、下記の質問にお答えいただきますようお願いいたします。

●この本を何でお知りになりましたか。

□書店で見て（書店名　　　　　　　　　　　　　　　　　　　　　）

□ Web サイトで（サイト名　　　　　　　　　　　　　　　　　　　）

□新聞、雑誌で（新聞、雑誌名　　　　　　　　　　　　　　　　　）

□その他（　　　　　　　　　　　　　　　　　　　　　　　　　　）

●この本をご購入いただいた理由を教えてください。

□著者にひかれて　　□テーマにひかれて

□タイトルにひかれて　　□デザインにひかれて

□その他（　　　　　　　　　　　　　　　　　　　　　　　　　　）

●この本の価格はいかがですか。

□高い　　□適当　　□安い

家康の10大危機

◇◇

●この本のご感想、作家へのメッセージなどをお書きください。

◇◇

お名前　　　　　　　　　　　性別　□男　□女　　年齢　　歳

ご住所　〒

TEL　　　　　　　　　　　　e-mail

ご職業

このはがきのコメントを出版目録やホームページなどに使用しても　可・　不可

ありがとうございました

康に服属。こうして三河一国の平定が実現した。

三河守に就任。「松平」から「徳川」へ改名

三河平定がなった永禄9（1566）年、家康は公家の近衛前久《このえさきひさ》を通じて朝廷に働きかけ、念願の「従五位下・三河守」を叙任。これはかつての今川義元と同じ官位である。これにより、隣接する今川氏、武田氏と並ぶ、名実ともに三河の戦国大名*3としての位置を確立した。

この時家康は、自分の先祖は「清和源氏であり、新田氏の流れをくむ得川氏から来ている」と主張し、朝廷から「姓」を賜り、「松平」という名字から「徳川」という姓に改めた。しかしこの時点では、「源氏」ではなく「藤原氏」としての叙位・任官だった。後に、武士の最高ランク「征夷大将軍」にこだわった家康は、改めて先祖は「源氏」であることを主張し、それが認められ、慶長8（1603）年、「内大臣源朝臣《あそん》」と名乗り江戸幕府を開いている。

＊1　吉田城（豊橋市）16世紀初頭に築城された東三河を代表する城、領地争いの度に、牧野氏、戸田氏、小原氏、酒井氏とめまぐるしく城主が替わった。江戸時代は吉田藩の藩庁が置かれた。

＊2　牛久保城（豊川市）代々、牧野氏を城主とする東三河の城。牧野氏は徳川家のもとで功績を上げ、長岡藩主となった。江戸時代、牛久保周辺は天領となり、城の一部は代官所として使われた。

＊3　戦国大名　戦国時代に全国各地に群雄割拠した領域支配者。守護大名から発展成長した者もあるが、守護家没落後、下剋上によって台頭した者が多い。

その時、家康は……。

名実ともに、戦国大名「徳川家康」の誕生

「三河一向一揆」は、家康の家臣の3分の1が本願寺門徒衆であったため、家臣団が敵味方に分かれて戦うという前代未聞の危機であった。西三河全域が内乱状態になるなど厳しい状況ではあったが、得るものは大きかった。

まず一つは、大きな危機を乗り越えたことにより、よりいっそう家康と家臣との絆が深くなり、家臣団の団結力が強くなった。

二つ目は、隠れていた反対勢力をあぶり出すことができた。普段は旗色を鮮明にせず隠れていたアンチ家康派が、一揆に便乗して蜂起。一つひとつ一揆を鎮圧していくうちに、同時に反対勢力の制圧にも成功した。

三つ目は、一度は敵（一向宗）として戦い、終戦後に帰参を許された[*1]渡辺盛綱、蜂屋貞次、[*2]夏目吉信、[*3]本多正信らが、命を助けてくれた恩に報いるために、家康の天下取りに大きく貢献したことだ。

四つ目は、一向宗や反対勢力を鎮圧したことにより、三河全域の領地と人民を一国支配し、晴れ

て西三河の土豪から、戦国大名となった。

五つ目は、三河を平定したことにより、朝廷より「三河守」の官位を叙任し、織田、武田、今川と並ぶ格を得たこと。

そして六つ目は、「三河守」叙任を機会に、天皇から「徳川」の姓を賜り、ここに初めて「徳川家康」が誕生したことである。家康、25歳の時である。

＊1　渡辺盛綱　「槍半蔵」と呼ばれ武勇に優れ、徳川十六神将の一人に数えられている。後に、家康の9男・徳川義直のお目付け役として尾張藩の付家老となった。
＊2　夏目吉信　徳川家康が武田信玄と戦った「三方ヶ原の戦い」の際、家康の命を救うため、身代わりとなって戦死。後世まで「三河武士の誉」と称えられた。
＊3　本多正信　三河一向一揆の時は「鷹匠」であったが、後に家康の側近中の側近にまで大出世。家康の参謀として、幕政の中心で活躍し、大きな権力をふるった。

【コラム】
初期の「徳川家臣団」組織図
名を「松平」から「徳川」に変え、名実ともに戦国大名となった家康が、最初に行ったのは徳川家臣団の編成であった。初期の徳川家臣団は、家臣を「西三河」、「東三河」、「旗本」と三つに分けたことから、「三備《みつぞなえ》」と呼ばれていた。

家康は、もともとの本拠地である西三河と、新たに併合した東三河を分けると、それぞれに旗頭（家老）を置き、家臣団をまとめた。西三河の旗頭（老中）となったのが岡崎城を拠点とする石川家成（のちに数正）、東三河の旗頭は吉田城に入った酒井忠次であった。松平一門衆であっても、旗頭に従属させ、松平一族間の「宗家争い」にも終止符を打った。

「旗本」とは、家康の側に使える側近で、年齢に関係なくとくに武勇に優れた者が選ばれている。それぞれが一つの部隊を率いて自由に行動していた。

また、家臣団編成の特色として、寄親・寄子制が挙げられる。大名の一族や有力な譜代家臣を寄親とし、この寄親に中小家臣を寄子として付属させたのである。それゆえ、寄子は寄親の家臣ではなかったが、合戦の場合には寄親の軍事指揮権下に入って、与力（上司）・同心（部下）としてともに行動した。

また、領国の統治にあたっては、「奉行」として高力清長、本多重次、天野康景の3人が民政・訴訟を担当した。この3人は「仏高力、鬼作左、どちへんなしの天野三兵」と謳われたという。「仏」のように仁政をしいた高力清長、「鬼」のように軍事に優れた本多重次、「どちへんなし」つまり公平な天野康景という三者三様の性格で三河を統治した。

ここで注目すべきは、「老中」、「旗本」、「奉行」、「与力」、「同心」という江戸幕府で使われた役職が、すでにこの時点で、登場していることだ。そして、石川家成、酒井忠次など、駿府で人質生活をともに過ごした家臣たちが、組織の要職についている。

三備の軍制

- 家康
  - **西三河旗頭（石川数正）**
    - 松平一族
      - 松平親乗（大給）・松平直勝（佐々木）
      - 松平信一（藤井）・松平重吉（能見）
      - 松平家忠（吉良東城）
    - 城持衆
      - 酒井正親（西尾）
    - 家康直臣
      - 内藤家長・平岩親吉・夏目吉信
  - **東三河旗頭（酒井忠次）**
    - 松平一族
      - 松平忠正（桜井）・松平親俊（福釜）
      - 松平伊忠（深溝）・松平清善（竹谷）
      - 松平康忠（長沢）・松平影忠（五井）
    - 城持衆
      - 本多広孝（田原）
    - 国　衆
      - 鵜殿康孝・牧野康成・菅沼定盈・菅沼貞通
      - 西郷正勝・奥平貞能・設楽貞通・戸田忠重
  - **旗　　本**
    - **旗本先手役**
      - **榊原康政・本多忠勝・大久保忠世**
      - **鳥居元忠・植村家存・大須賀康高など**
    - **馬廻衆**
      - **渡邉半蔵・小栗又六・蜂屋貞次など**
  - 諸　奉　行
    - **三河三奉行**
      - **本多重次・天野康景・高力清長**

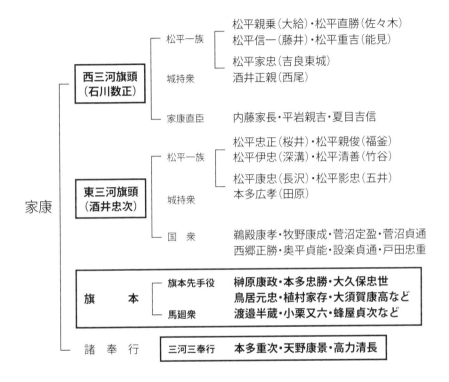

家康は、江戸幕府をつくる際、「幕府の組織は、三河の庄屋仕立てにせよ」と訓示したという。「三河の庄屋仕立て」とは、松平がまだ三河の山奥の土豪だった頃の家政の仕組みのことで、主人を乙名（大人）と呼ばれる補佐役が支えるシンプルなものだった。

このように「三河の庄屋仕立て」の組織体系は、江戸時代の幕藩体制にも生かされ、実は、現在の日本の組織体系の基本にもなっている。

其之伍

「三方ヶ原の戦い」【家康31歳】元亀3（1572）年

背後から急襲すれば、
あの武田軍に勝てるかもしれない。
徳川家康はそう考えた。
ところがそれは、
武田信玄が仕掛けた罠だった。
徳川軍は大敗を喫した。

元亀3（1572）年、徳川家康が最も恐れていることが起こった。武田信玄が上洛を期して進軍を開始したのである。目的は、織田信長の討伐である。10月3日、2万5千の大軍で甲府の躑躅[*1]ヶ崎館を出撃した武田軍は、天竜川に沿って南下し浜松城へ迫ってきた。家康は当時すでに、岡崎城を長男の信康に譲り、本拠を浜松城へ移していた。

10月10日、武田軍は信濃（長野）の国境を越え遠江（静岡）へ侵入。11日に只来城《ただらい》（浜松市）、12日には天方城《あまがた》（森町）、飯田城（森町）、各和城（掛川市）が陥落。家康の支城はすっかり丸裸にされ、残るは本城を守る最後の砦・二俣城（浜松市）と本城の浜松城のみとなった。

同盟相手である信長に、家康は何度も援軍を要請したが、信長もこの頃「信長包囲網」に悩まされ、身動きが取れず、12月中旬になってようやく3千の援軍を浜松城へ送った。しかし、時すでに遅し。12月19日、武田軍によって二俣城は落城し、援軍を出せなかった家康は二俣城を見殺しにする形となった。これを見て、静観していた者たちが次々と武田に寝返り、家康は追い詰められていた。

浜松城内では何度も評定が開かれた。徳川軍の兵力は約8千。信長からの援軍を加えても、1万1千に過ぎない。対して武田軍は、別働隊が加わり2万7千。この兵力差では、武田[*2]騎馬軍団を相手に勝ち目はない。家康自身も含め、浜松城内の評定は籠[*3]城戦へ傾いていった。

次はいよいよ浜松城、と思った時、異変が起こった。二俣城を落とした武田軍が、突然進路を西に転じたのだ。あたかも、徳川・織田軍が籠城する浜松城を、無視するかのように。誰もが、「命びろいをした」と胸をなでおろしているなか、家康は家臣たちが止めるのも聞かず、全軍に「武田軍追撃」を命じた。

武田軍の進軍ルート

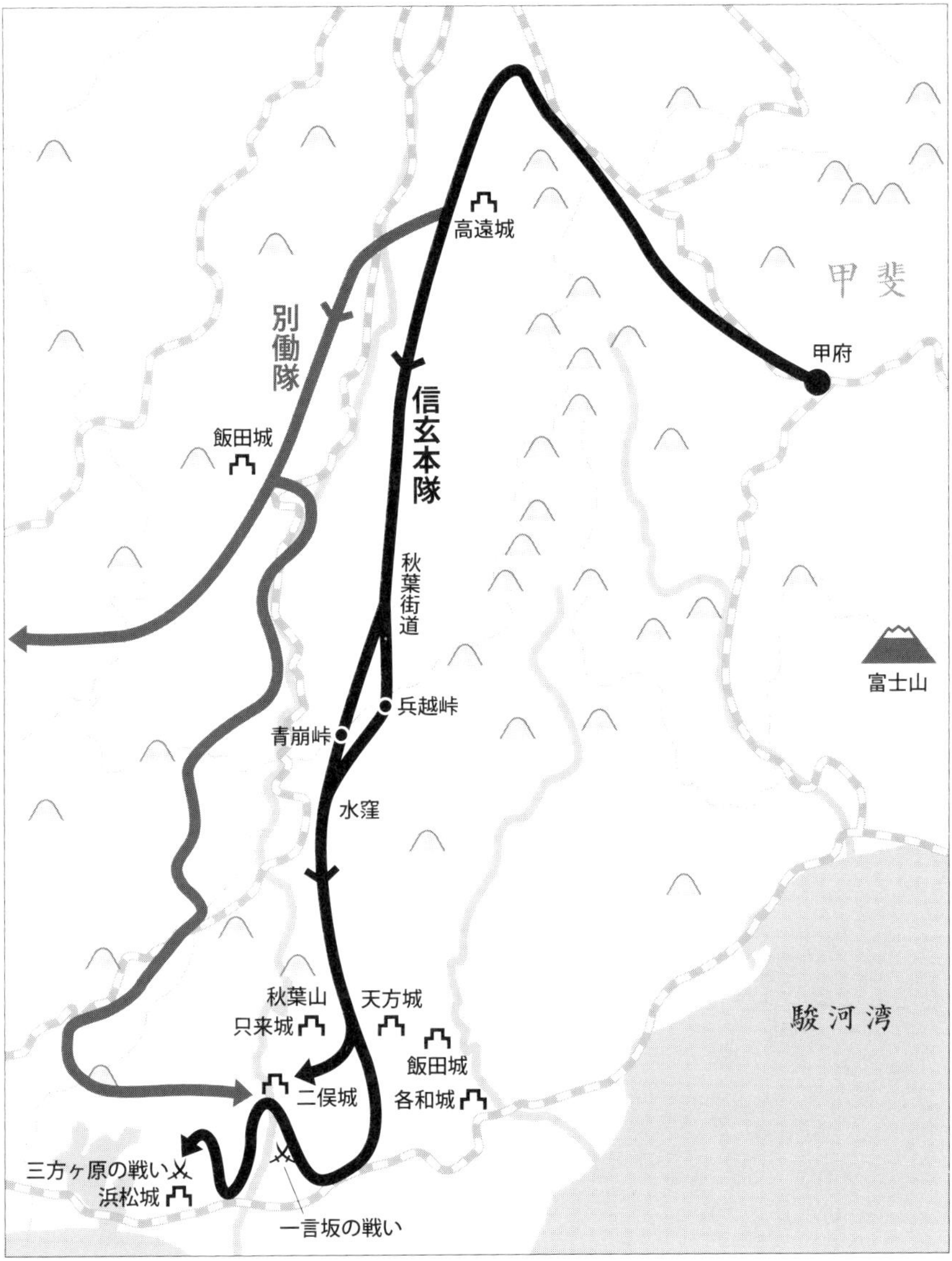

甲斐
甲府
高遠城
別働隊
信玄本隊
飯田城
秋葉街道
兵越峠
青崩峠
水窪
富士山
駿河湾
秋葉山
只来城
天方城
飯田城
二俣城
各和城
三方ヶ原の戦い
浜松城
一言坂の戦い

この時の家康の行動は、後に「若気の至り」と揶揄されることが多いが、家康にはそれなりの理由があった。信長から兵を借りておきながら、武田軍を見過ごすのは武門の恥であり、「大将としての器」も問われていた。そして、武田軍をこっそり尾行し、背後から襲えば、あの最強軍団に勝てるかもしれない。名を上げることができる。そんな野心もあったことだろう。

徳川・織田軍がひそかに武田軍を尾行し、三方原台地[*4]に着いた時、突然目の前に魚鱗[*5]の陣形を組んだ武田軍が出現した。家康はとっさに、「しまった、騙された！」と思ったが、もう後へは引けなかった。徳川・織田軍は、急ぎ鶴翼[*5]の陣形を組んで対峙。こうして粉雪が舞うなか、「三方ヶ原の戦い」が始まった。当初は善戦していた徳川・織田軍であったが、次第に、縦横無尽に戦場

武田軍の「魚鱗の陣形」と徳川・織田軍の「鶴翼の陣形」

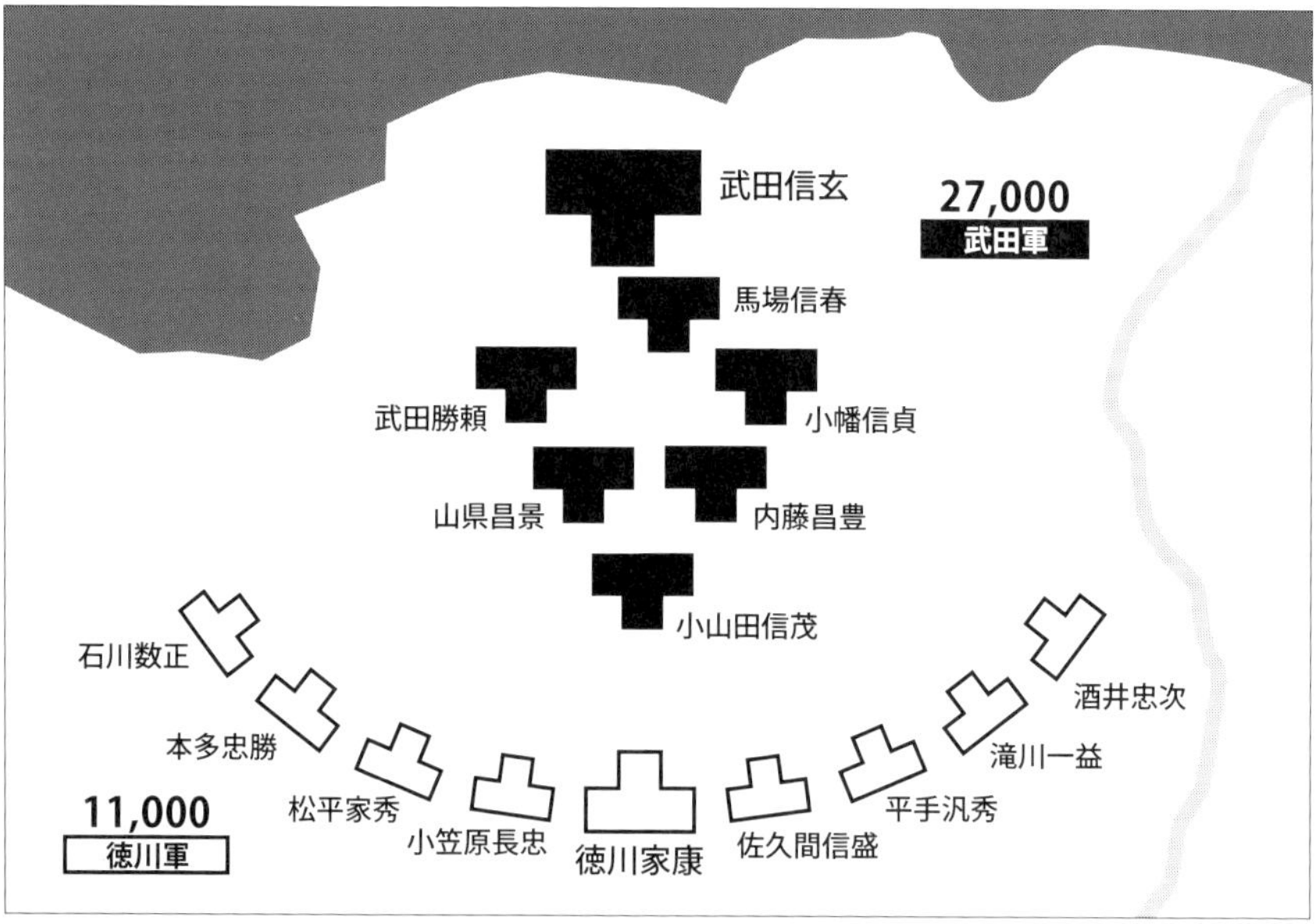

を駆け回る武田軍に圧倒され、総崩れとなった。

徳川・織田軍は完膚なきまで叩きのめされ、日没までのわずか2時間の戦いで、双方の戦死者は武田軍200、徳川軍2千余り。まさに、記録的な大敗を喫し、家康は命からがら浜松城へ逃げ帰った。家康31歳、信玄52歳であった。

＊1　躑躅《つつじ》ヶ崎館《さきやかた》（甲府市）　甲府盆地の北端に位置する武田信玄の居城。現在は武田神社の境内になっている。

＊2　武田騎馬軍団　「騎馬隊」とは、馬に乗って戦う兵士の集団をいい、「武田騎馬軍団」が最も有名である。当時活用された馬は、サラブレッドより小型の日本在来種の「木曽馬」だった。

＊3　籠城戦　「籠城」とは、城に籠って戦うこと。一般には兵力が相手より少ない場合に行う。

＊4　三方原台地　浜松市北区にある「浜松北地域自治区」にある地名、地区名。天竜川と浜名湖に挟まれた洪水積台地。ここで、三方ヶ原の戦いが行われた。

＊5　魚鱗《ぎょりん》の陣形・鶴翼《かくよく》の陣形　戦国時代の合戦の陣形。「魚鱗」は魚の鱗《うろこ》のようなひし形の陣形。「鶴翼」は鶴が羽を広げたようなV字の陣形。「魚鱗」は少数の場合、「鶴翼」は兵力が相手より勝る場合に使われる。

【なぜそうなったのか？】

実は家康と信玄は、同盟を結んでいた

そもそも徳川家康と武田信玄は、敵対関係にはなかった。それどころか、家康は信玄を人生の師と仰ぎ、一時期は同盟を結んでいた。それがなぜ、戦うことになったのか？　時計を「三方ヶ原」以前に戻し、2人の関係を見てみよう。

永禄3（1560）年、桶狭間の戦いで今川義元が敗死すると、息子・氏真の器量のなさを見透かした信玄は、今川領の簒奪を画策する。山に囲まれた甲斐（山梨）の信玄は、海がある駿河（静岡）が欲しかったのだ。信玄は家康に接近し、武田は「駿河」、徳川は「遠江」と、今川領[*1]を分割占領する密約を結んだ。

永禄11（1568）年、武田軍と徳川軍は、同時に今川領に侵攻。今川家の重臣のなかには、すでに武田や徳川へ寝返っている者も多く、氏真は、抵抗らしい抵抗もできないまま、掛川城へ退去。さらに掛川城も追われ、北条氏を頼って伊豆へ落ちていった。こうして今川氏[*2]は滅亡。家康はこの年、遠江・引馬に新城を築き、「浜松」と命名し、本拠を岡崎から移した。この頃の家康と信玄は、領土拡大という共通する目的のために、数年間は蜜月時代をつづけていた。

織田信長と足利義昭の代理戦争では!?

ところが元亀3（1572）年、織田信長と室町幕府第15代将軍・足利義昭[*3]の対立が決定的になっ

たことにより、家康と信玄の関係も微妙になる。義昭は信長と敵対する浅井氏、朝倉氏、石山本願寺などと連携し、「信長包囲網」を敷いた。その中心メンバーが武田信玄だったからである。こうして、元亀3年10月3日、信長討伐を目的とする武田軍の上洛が始まった。

室町幕府を倒し、天下を狙う信長。それを阻止したい足利義昭。信玄の狙いは、信長討伐であるから、三方ヶ原の戦いは、信長と義昭の代理戦争だったのである。

用心深い家康は、当初、信長と信玄を両天秤にかけて、信玄と単独和睦することも考えたようだ。結局、「信長」を選択したため、信長討伐をめざす武田軍と戦わざるを得なくなった。合戦前の評定では、浜松城に籠城し、合戦を避ける意見も出たが、信長に対する忠誠心をアピールするためにも、一戦交えずに見過ごすことはできなかった。

武田軍の強さを知り尽くしている家康は、実際は戦いたくなかっただろうし、信玄もまた、同じ気持ちだったのかもしれない

＊1　今川領の分割　駿河と遠江の2国で構成されていた今川領は、武田と徳川の密約により、「駿河」は武田領、「遠江」は徳川領となった。

＊2　今川氏滅亡　今川義元亡き後、嫡男の氏真が跡を継いだが、武田信玄と徳川家康による駿河侵攻によって敗れ、戦国大名としての今川家は滅亡した。江戸時代に高家待遇で復活し、徳川家に仕えた。

＊3　足利義昭　室町幕府第15代将軍。織田信長に擁されて上洛し、将軍となる。やがて、

信長と対立し、武田氏、朝倉氏、浅井氏と組んで信長包囲網を築く。しかし、信長によって京都を追われ、これによって室町幕府は消滅した。

【「三方ヶ原の戦い」余談】

恐るべし武田騎馬軍団

当時、すでに武田軍の強さは知れ渡っていた。しかし、直に対戦した家康は、武田信玄の怖さを、骨の髄まで知る結果となった。当初家康は、こっそり背後から襲えば、武田軍に勝てるかもしれないと思っていた。しかし、家康の浅知恵は見透かされ完膚なきまでに叩きのめされた。それでも徳川軍は、一兵たりとも怯むことなく、果敢に真正面から勝負を挑み玉砕した。後に、本多忠勝、酒井忠次のように、武田軍から優れた武勇を称賛される武将も生まれた。

徳川・織田連合軍の大敗は、信長をも震撼させた。なぜなら、三河武士は尾張武士の2倍強いと言われており、2年前の「金ヶ崎の戦い」や「姉川の戦い」で徳川軍は、浅井・朝倉軍を相手に大活躍をしていたからである。武田軍、恐るべし。信長もまた、心底そう思ったに違いない。

家康の身代わりになった夏目吉信

「夏目吉信」という三河武士を覚えているであろうか?「三河一向一揆」の際、一度は一揆側に寝返り、合戦後、再び徳川軍への復帰が許された武将である。

その吉信が、敗戦が濃厚となっている三方ヶ原の戦場に突然現れた。吉信はその日、浜松城の留守居役であったが、「徳川軍総崩れ」という知らせを聞いて、わずかな手勢を引き連れ駆けつけたのである。

吉信は何度も、家康に退却するように進言するが、家康は聞かず、「ここで自分一人生き残る事はできない」と討死覚悟で追手に向かおうとする有様であった。もはや、これ以上家康を説得することはできないと判断した吉信は、家康の馬の首を浜松城の方に向け、馬の尻を槍で突いた。馬が浜松城めがけて一目散に駆け去るのを見届けると、吉信は「我こそは徳川三河守家康なり、我と思う者は参るがよい」と大音声《だいおんじょう》で叫び、槍を振るって追手に向かって斬り込んでいった。奮戦空しく、吉信はじめ吉信の手勢は残らず討死した。

吉信は、「三河一向一揆」の恩に報いるために、家康の身代わりとなって死んでいったのである。家康は吉信を「武士の鑑」として称え、夏目家は江戸時代を通して旗本として厚遇された。明治になり、この夏目家から、有名な作家が誕生する。

夏目漱石である。

酒井忠勝の血染めの太鼓

命からがら浜松城へ逃げ帰った家康は、後から逃げ帰って来る者のために、城門を開いたままにして、城門の外で、とてつもない大きなかがり火を焚かせた。武田軍はこの大きなかがり火を見て、

「何か策略があるのではないか？」と恐れ、城の近くで様子を見ていた。

するとの城の中を守っていた酒井忠次が、突然、太鼓を高々と打ち鳴らし始めた。

驚いた武田軍は「きっと何かあるにちがいない」と思い、急いで浜松城から離れていったという。浜松城には、そんな逸話が残っている。酒井忠次が打ち鳴らして敵を退散させた太鼓は「血染めの太鼓」と呼ばれ、現在も保管されている。

恐怖のあまり、馬上で脱糞!?

家康は「三方ヶ原の戦い」で武田軍に敗れて敗走した際、あまりの恐怖に馬上で脱糞したという嘘のような話が伝わっている。家康は浜松城に到着後、その事実を家臣から指摘され、「これは味噌だ！」と家臣に言い訳したというが、正式な史料には記載されていない。

合戦後、家康は敗戦の悔しさを忘れず、また自身の慢心を戒めるために自身の姿を絵師に描かせた。これが有名な「顰像《しかみ》」である。ところが２０１５年に新説が発表され、現在では、三方ヶ原の戦いとは無関係とする説が有力となっている。家康を礼拝する目的で後世に描かれた可能性があるという。

その時、家康は……。

「三方ヶ原の戦い」で大敗を喫した徳川軍であったが、家康にとっては得るものが多い合戦となった。まず武田信玄の戦い方を直に見ることができた。この貴重な体験は、後の「小牧・長久手の戦い」や「関ケ原の戦い」において、大いに生かされることになる。

また、負けたとはいえ、三河武士の勇猛果敢な戦いぶりが喧伝されることにもなった。『徳川実紀』には、「今回の戦で敗れた三河武士たちは、末端に至るまで戦わない者は一人もいなかった。その屍は、向かってきた者はうつ伏せ、浜松の方に向いた者は仰向けだった」と武田四天王の一人・馬場信春の言葉が伝えられている。とくに、本多忠勝と酒井忠次の孤軍奮闘の活躍は、後世まで語り継がれた。家康自身についても「清須同盟を守り通した律義さ」、「大軍にひるまず、果敢に挑んだ勇気」、「武田軍に一矢報いた戦術」、「大将としての統率力」が、広く知れ渡る結果となった。

「三方ヶ原の戦い」の後、武田軍は遠征した状態で年を越し、元亀4（1573）年、三河の野田城を包囲した。2月11日に野田城は陥落。その勢いで、武田軍は、三河を席巻し尾張へ向かうかと思われたが、突然、北上をはじめ、4月12日、信州（長野県）伊奈郡・駒場において信玄が死亡したと伝わる。この時、大きく歴史が動いた。信玄の死を聞いて、信長と家康が、どれほど胸をなでおろし、足利義昭と顕如が、どれほど落胆したか、容易に想像することができるだろう。

信玄の死は、遺言によって3年間秘されたが、いち早く情報をつかんだ家康は、その年の5月に武田が支配する駿府領に侵入し、城下を放火してまわった。続く7月には、武田が三河侵略の拠点にしている長篠城を攻めている。家康は今川氏がそうであったように、信玄のいない武田軍は戦いやすい、と考えたようだが、そうはいかなった。勇猛果敢な武将たちは健在だったし、跡を継いだ武田勝頼も今川氏真とは違っていた。こうして、徳川と武田の攻防は続き、「長篠・設楽ヶ原の戦い」へと向かっていく。

【コラム】

三方ケ原の戦いと信長包囲網

この合戦は、「信長包囲網」から始まった。

この頃の織田信長と徳川家康の合戦を俯瞰で眺めると、「三方ヶ原の戦い」が、「信長包囲網」のなかで起こった合戦であることがわかる。家康が武田信玄と対峙している時、信長もまた、信長包囲網の敵と対峙していた。

信長包囲網

元亀元（1570）年、「桶狭間の戦い」から10年、「清須同盟」から8年、「三河一向一揆」から7年がたち、徳川家康は三河・遠江60万石の大名へと成長していた。同盟者である織田信長も、240万石の大大名となり、天下統一をめざしていた。

この頃、家康が戦っていたのは、武田信玄だけではなかった。信長と清須同盟を結んでいたため、援軍として信長の敵とも戦っていたのだ。永禄11（1568）年、足利義昭を擁して京へ上洛した信長は、義昭を室町幕府第15代将軍に据え、実質的に室町幕府を掌握した。しかし、信長に利用されていることに気づいた義昭は、信長と激しく対立し、信長と敵対する勢力に書状を送り、信長討伐を命じる。それが「信長包囲網」である。

何事も早急で、乱暴な信長には敵が多かった。「信長包囲網」には、越前・朝倉義景、北近江・浅井長政、大坂・石山本願寺の顕如が入っていたが、後になって甲斐の武田信玄が加わった。義昭は、戦国最強と謳われた武田軍を、最も頼りにしていたのだ。こうして、信長討伐を目的とする武田軍の侵攻が始まった。

姉川の戦い

天下統一をめざす信長は、「天下静謐」を名目に諸国の大名に上洛を命じたが、越前の朝倉義景は従わなかった。そのため、元亀元（1570）年4月、信長は越前に侵攻を始める。この越前攻めには同盟者の家康も参陣していた。

ところが、信長の妹婿である近江・浅井長政が突然、朝倉へ寝返ったため、作戦は大失敗。それどころか、朝倉軍と浅井軍の挟み撃ちに合う危機に陥った。いち早く、身の危険を察した信長は、屈辱の退却戦を余儀なくされた。

この時、家康はこの経緯を何も聞かされず、前線に孤立したが、戦いの殿《しんがり》をつとめていた羽柴（秀吉）隊と徳川軍の奮闘により、何とか京へ逃げ帰ることができた。これが、秀吉が名を上げた「金ヶ崎の退口《のきぐち》」の戦いである。

同年6月、岐阜に戻った信長は、再び出陣し謀反を起こした浅井長政を討つため北近江へ侵攻。家康も、5千の兵を率いて参陣した。この時、朝倉軍も浅井軍に加勢したので、6月28日、織田・徳川連合軍が浅井・朝倉連合軍と、姉川を挟んで激突した。これが「姉川の戦い」である。この戦いは、徳川軍の活躍により朝倉軍が崩れ、織田軍が浅井軍を撃破し、織田・徳川軍が勝利した。

この戦いにより、足利義昭の期待は、いよいよ武田信玄に注がれ、領地を接する家康と信玄の緊張関係は高まっていったのである。

其之陸
「長篠・設楽原の戦い」【家康34歳】天正３（１５７５）年

大惨敗を喫した
「三方ヶ原の戦い」から3年。
再び武田軍1万5千が、
徳川の支城・長篠城を包囲した。
馬上で糞を漏らした恐怖が蘇る。
今度は絶対に、負けられない。

天正3（1575）年4月21日、奥三河にある徳川の支城・長篠城[*1]が、武田勝頼[*2]率いる1万5千の武田軍に包囲された。守る長篠城の兵力は500。勝頼は、猫がネズミをいたぶるように城を攻撃し、浜松にいる家康の出方をうかがった。「三方ヶ原の戦い」の時と同じである。あの時は、武田信玄率いる2万5千の大軍が二俣城を包囲し、家康を挑発した。再び、悪夢が蘇る。

徳川軍の兵力は8千。単独では勝ち目がない。今回も仕方なく、織田信長に救援要請を出す。今度負けたら、家康に次はなかった。2年前の信長は、自らは出陣せず、3千の兵を寄越した。しかも、対応が遅かったため、二俣城は見殺しとなり落城。主君としての家康のメンツは失墜した。

しかし今回の信長は違った。2日後の13日には、自ら3万の兵を率いて岐阜を出立。14日に岡崎で家康軍と合流すると、長篠城には向かわず、長篠城近くの設楽原[*3]へ向かった。誰よりも臆病で、用心深い信長は、その頃、勝算のない戦いはやらなくなっていた。何か秘策があるに違いない。家康は、そう思った。

5月18日、信長軍は設楽原に到着すると、すぐに土木工事を行い堀や土塁を築き、岐阜から持参した木材を使って馬防柵[*4]を造った。そこには、後の世で「馬出[*5]」と呼ばれる、臨時の陣城が出現した。家康と徳川軍は、半信半疑の思いで、その様子を見ていたことだろう。

その頃、長篠城を包囲していた勝頼には、信長と家康が大軍を率いて援軍に駆け付けたという知らせが届いていた。ただならぬ気配を感じた重臣たちは、戦いを避けることを勝頼に進言したが、勝頼は断固として決戦を主張。5月20日、長篠城にわずかな兵を残し主力を設楽原へ移動させた。馬防柵に隠れるように陣を敷いている織田・徳川連合軍を見て、勝頼は「臆病風に吹かれている」、そう判断したという。

5月21日の早朝、決戦の火ぶたが切られた。武田騎馬軍団が怒涛のように敵陣に突き進む。しかし、いつものように戦場を縦横無尽に駆け回り、敵兵を蹴散らすつもりが、馬防柵に阻まれ前へ進めない。そして、信長がこの日のために用意した約3千挺の鉄砲が火を噴いた。武田軍は人馬ともに、バタバタと倒れる。初めての体験に、武田軍はパニックになったであろう。山県昌景、馬場信房など、歴戦[*6]の勇者たちが次々と戦死し、戦国最強の軍団は壊滅した。眼前に広がる信じられない光景に、敵も味方も目を疑った。信長以外は。

午後2時頃、退却を告げる退き貝[*7]の音が設楽原に響きわたった、敗走する武田軍を見て、ある者は「初めて、武田軍の後ろ姿を見た」と語ったそうだ。また、鉄砲隊に配属された足軽は、間近に迫る騎馬軍団の恐怖に、何度も逃げ出しそうになったと証言している。殿を務めた内藤昌豊《まさとよ》は、勝頼の退却を見届けたのち、討ち死にしている。連戦連勝、ほぼ無敗を誇った武田軍が敗れた。中世を制覇した武田軍が、近世を制する織田・徳川連合軍に敗れた瞬間である。

＊1　長篠城（新城市）　永正5（1508）年に菅沼元成によって築城された。豊川と宇連川の合流点に位置し、北方に人工の塀と土塁を置いた堅固な造りになっている。天正3（1575）年に奥平貞昌が城主となり、武田勝頼の包囲に耐えた。
＊2　武田勝頼　武田信玄の死によって家督を継ぎ、甲斐武田家当主となった。信玄が敷いた路線を継続するために奮闘。「長篠・設楽原の戦い」では、重臣たちの意見を

聞かず、大軍である「織田・徳川連合軍」と激突し大敗を喫した。

＊3 設楽原（新城市） 愛知県新城市に広がる丘陵地帯。かつてここで、「設楽原の戦い」が行われた。「長篠城の戦い」と「設楽原の戦い」を合わせて、「長篠・設楽原の戦い」と呼ばれている。

＊4 馬防柵《ばぼうさく》 敵の進入を防ぐために造られた障害物。この場合は、武田騎馬軍団の突撃を防ぐために、各自が岐阜から持参した木材で柵を造った。

＊5 馬出《うまだし》 城の虎口《こぐち》（入口）や城門を擁護するために、その前に設ける土塁や石塁。最新の攻撃・防御施設として近世城郭で採用された。

＊6 歴戦の勇者たち 山県昌景、馬場信房（信春）、内藤昌豊、原昌胤、真田信綱など、この戦いで、さまざまな合戦で活躍した武田軍の武将たちが戦死した。無敗を誇った武田騎馬軍団は、事実上ここに消滅した。

＊7 退《の》き貝《がい》 戦国時代の合戦では、戦陣の合図や戦意高揚のために、陣貝と呼ばれる法《ほ》螺《ら》貝《がい》が用いられた。合戦の定石として、「退き貝」が吹かれたら合戦は終了となった。

長篠城周辺図

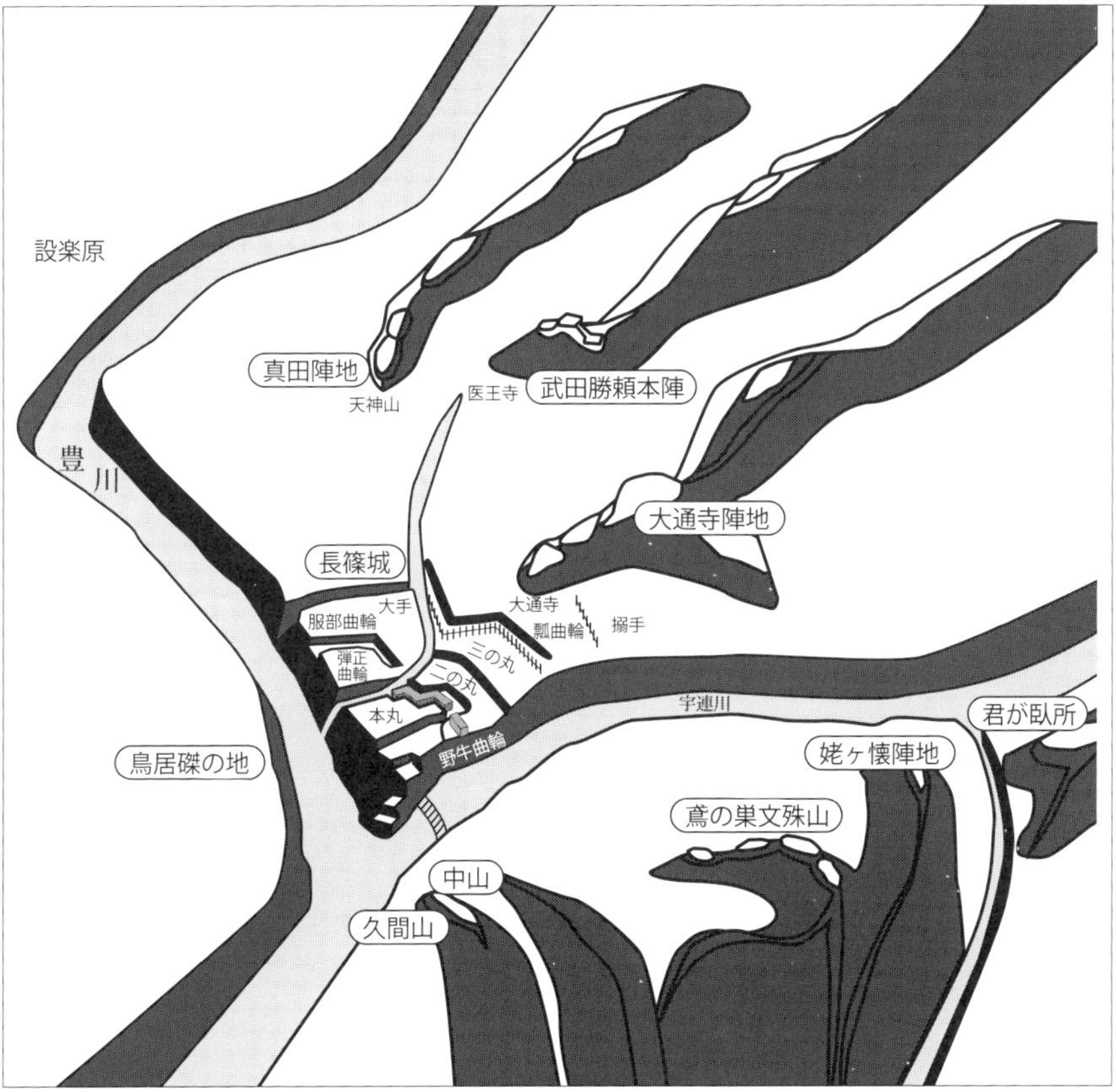
設楽原
豊川
真田陣地
天神山
医王寺
武田勝頼本陣
大通寺陣地
長篠城
大手
服部曲輪
弾正曲輪
三の丸
二の丸
本丸
大通寺
瓢曲輪
搦手
野牛曲輪
宇連川
君が臥所
鳥居礫の地
姥ヶ懐陣地
鳶の巣文殊山
中山
久間山

【なぜそうなったのか？】

家康の絶対に負けられない戦い

今まで、「長篠・設楽原の戦い」は、織田信長の代表的な合戦だと思っていた。しかし、実際に合戦があった設楽原を訪れて、その考えが一変した。この戦いの主役は、徳川家康と徳川軍であり、織田軍はあくまでも援軍だったのである。家康は、まさに最前線に陣取り、陣頭指揮を取り武田軍と真正面で対峙していた。一方、信長は、後ろも後ろ、最後尾に陣を敷き、状況次第では、すぐに逃走できるように、逃げ道まで用意していた。

長篠城址史跡保存館
電　　話：0536-32-0162
開館時間：午前９時〜午後５時
（入館は午後４時30分まで）
休 館 日：毎週火曜日（祝日の場合は翌日）・年末年始
最寄り駅：JR飯田線長篠城駅

設楽原歴史資料館
電　　話：0536-22-0673
開館時間：午前９時〜午後５時
（入館は午後４時30分まで）
休 館 日：毎週火曜日（祝日の場合は翌日）・年末年始
最寄り駅：JR飯田線三河東郷駅

また、お互いの顔が確認できるほど、戦場が狭いのにも驚いた。馬で駆ければ、武田方から馬防柵までわずか数秒しかかからない。家康と徳川軍は、「三方ヶ原の戦い」の恐怖と戦いながら、同時に、雪辱を晴らすために必死に戦ったに違いない。現在、鉄砲の3段撃ちがあったか、なかったかが問題になっているが、この距離であれば、絶え間なく鉄砲を撃たないと騎馬隊を止めることはできない。必然的にあの撃ち方になったと思われる。

一方信長は、「天下統一」をめざす以上、武田は避けては通れない壁と認識し、以前から武田騎馬軍団に勝つ方法を考えていた。そしてこの日、信長は満を持して自分のアイデア（堀、土塁、馬防柵、鉄砲など）を試した。

合戦が8時間も続いたことを考えると、決して圧勝ではなかったのであろう。鉄砲3千挺や3段撃ちばかりが注目されているが、それ以上に、戦場に堀や土塁、馬防柵を築いたことが、天才信長にしか思いつかない革命的な戦術であった。

挫折を知らない、勝頼のもろさ

一方、武田勝頼は、織田・徳川連合軍を甘くみていた。それも仕方がないかもしれない。武田軍は、武田信玄が20代の頃に2敗した以外は、70戦以上の合戦に出陣し、無敗である。おそらく、勝頼にとっては連戦連勝が当たり前で、一度も敗戦を経験していないはずである。ましてや、3年前の三方ヶ原の戦いで、赤子の手をひねるように叩きのめした織田・徳川連合軍である。負けることなど、夢にも思っていなかったであろう。

馬場信房、山県昌景など、戦いを知り尽くした名将たちが、「兵力差があり、鉄砲隊も配置しているので、勝ち目はありません」、「騎馬隊が通用しない。ここは退くべきかと」といくら進言しても、勝頼は考えを変えなかった。武士にとっての「撤退」は、最も恥ずべき行為で、臆病者は最も嫌われていた。武田の重臣たちは、それを承知で、あえて強く進言したが、挫折を知らない勝頼には、そこまで深くは理解できなかったであろう。

信長に対しては、父・信玄に媚びへつらう臆病な武将としか見ていなかっただろうし、家康に対しても、信長の力がなければ何もできない、三河の弱小大名としか見ていなかったようである。

【家康と勝頼の攻防】

信玄の跡を継いだ武田勝頼

武田信玄の死後、跡を継いだのは、４男の武田勝頼だった。信玄の嫡男の義信は廃嫡となり、その後謎の死を遂げた。信玄の指名とはいえ、意外だったため、勝頼は十分に家臣たちのコンセンサスを得ずに当主になったようだ。

その引け目があるせいか、勝頼は必要以上に積極的に織田・徳川領へ攻め入った。信玄の喪が明けた天正２（１５７４）年１月、東美濃の明智城など16城を落とすと、その勢いで６月、信玄も落とせなかった高天神城を攻め落とし、東遠江をほぼ手中に収めた。

家康も、武田領に攻め入り、長篠城主・奥平貞昌を徳川方に寝返らせるなど、負けてはいなかった。天正3年に起きた「長篠・設楽原の戦い」は、勝頼が寝返った長篠城を再び奪い返すために、始まった戦いである。

20万の軍勢に攻められ武田氏は滅亡

天正3（1575）年の「長篠・設楽原の戦い」の後、すぐに武田氏は滅んだように思われがちだが、そうではなかった。勝頼は、外交で生き残りをはかった。

合戦の後、織田軍、徳川軍、そして隣接する北条軍は、堰を切ったように甲斐の武田領に侵攻した。強い危機感を感じた勝頼は、父・信玄の遺言に従い、最大のライバルだった上杉謙信を頼り、上杉軍を味方につけた。

さらに天正4（1576）年、時の室町幕府将軍・足利義昭の仲介により、本願寺の顕如、毛利輝元、上杉謙信、武田勝頼による信長包囲網が完成し、同時に北条氏政とも同盟関係を結んだ。これにより信長は、武田領に侵攻する余裕がなくなり、勝頼は危機を脱したように思われた。しかし家康だけは、攻め続けた。

戦力が五分五分となった武田軍と徳川軍は、その後一進一退の攻防を繰り広げるが、またしても天は、家康の味方をする。なんと、信長包囲網の唯一の拠り所であった上杉謙信が急死したのである。上杉家では跡目争いの内乱が発生し、深く関与していた勝頼は、またしても北条氏と決裂した。

武田氏が弱体化するなか、信長はついに甲斐への侵攻を決断。天正10（1582）年2月、信長が美濃から侵攻すると、家康は駿河から、北条軍は相模から甲府へ入った。総勢20万。武田軍は崩壊し、家臣の寝返りや落城が続き、勝頼は孤立した。最後は行き場を失い、天目山へ向かう途中、織田軍が迫ってきたため、3月11日、天目山麓の田野の地において家族とともに自害した。享年37。こうして栄華を誇っていた武田氏は滅亡したのである。

【鳥居強右衛門の活躍】

川を泳ぎ、野を駆け、岡崎城へ

どんなに活躍しても、足軽や雑兵《ぞうひょう》が、名を残すことはない。ただ一人の男を除いて。それが、長篠・設楽原の戦いでヒーローとなった鳥居強右衛門[*1]である。

天正3（1575）年4月21日、1万5千の武田軍に囲まれた長篠城は、城主・奥平貞昌の指揮のもと、わずか500の城兵で必死に防戦をしていた。

しかし、武田軍の火矢によって兵糧庫が燃え、食糧の大半を失ってしまうと、「これ以上、城はもたない」と、5月14日、岡崎城で織田軍の到着を待っていた家康へ、伝令を送ることになった。

誰もが武田軍の前で、怖気づき尻込みをするなか、雑兵である強右衛門が伝令に名乗りを上げた。子どもの頃から泳ぎが達者で、走るのが得意だった強右衛門には、自信があった。

14日の夜、強右衛門は、夜陰に紛れて城を抜け出した。激流をものともせず、川底を何十メートルも移動し、ついに敵の包囲網を突破。陸へ上がると、岡崎城をめざして激走した。岡崎城に着いた15日夜には、家康の同盟者である織田信長率いる援軍3万が、すでに到着しており、翌日には長篠城へ向けて出陣することが決まっていた。

信長は強右衛門を労い、帰路は軍勢に同行するように勧めたが、強右衛門は「一刻も早く、この吉報を城の者たちに伝えます」と、これを断り、休むことなく長篠城めざして走り去ったという。

死を覚悟して、真実を叫ぶ

長篠城へと激走をつづけた強右衛門は、16日の夜明け前には、武田が包囲する城の手前に到着した。川に入ろうとした瞬間、強右衛門は、武田軍の見回り隊に見つかり、捕縛されてしまった。

翌17日、武田軍は、長篠城の対岸に柱を立て、そこに強右衛門を縛り付けた。長篠城の城兵に処刑を見せつけ、士気を衰えさせようと考えたのだ。強右衛門が死を覚悟したその時、「援軍は来ないと叫べ、そうすれば命は助けてやる」、そう武田軍の武将はささやいた。しかも、武田家の家臣として召し抱えるとも言った。

強右衛門に下心がなかったと言ったら嘘になる。また、楽な方を選びたいという誘惑もあった。しかし、「皆の衆、あと2日、あと2日のうちに織田様、徳川様の援軍がやってくる。それまでの辛抱じゃ！」。衝動的に、そう大声で強右衛門は絶叫した。その瞬間、城内の各所から歓喜の声が上がったという。

一方、激怒した武田勝頼は、即座に処刑するよう命じた。悲鳴と絶叫、歓喜のなか、強右衛門は静かに果てていった。強右衛門の武勇伝は、味方はもちろん、武田方からも称賛され、「武士の誉」[*2]として、代々、語り継がれていった。

＊1　鳥居強右衛門《すねえもん》　奥平貞昌に仕えた名もなき雑兵。自らの命を顧みず、磔《はりつけ》に散ったことから、その生き様が称えられ、武士の誉と祀られ、後世に伝わった。

＊2　武士の誉《ほまれ》　決して私利私欲ではなく、忠義に生きた武士を「武士の誉」と称えた。

その時、家康は……。

「岡崎殿は東へ、わしは西へ」。永禄5（1562）年の清須同盟から20年、あの時、織田信長と徳川家康が交わした約束が、実現しようとしていた。信長は清須、小牧山、岐阜と居城を移し、今や安土城に君臨。まさに天下を手中に収めようとしていた。盟友の家康は、長篠・設楽原の戦いの後、永禄9（1566）年に遠江を平定、永禄10年には甲州征伐の論功行賞によって、駿河一国を手に入れ、三河、遠江、駿河を有する押しも押されもしない大大名へと成長していた。

家康が手に入れたのは、領地だけではなかった。信長とは違い、丁寧に戦後処理を行った家康は、遺臣のなかから優秀な人材を見つけ出し、徳川軍のなかに採り入れていった。たとえば、後に譜代大名筆頭となる井伊家の創始者・井伊直政は、もともと、今川氏に仕える遠江の武士の出であったが、家康の小姓として採用され、後の徳川四天王の一人として大活躍した。直政の下には、赤備《あかぞな》えで勇名をはせた山県昌景の配下が多かったため、直政は赤備え軍団を復活させ「井伊の赤鬼」と呼ばれた。

旧武田家臣からも、保科正之の義父となる保科正光、勝頼を裏切り、家康についた穴山梅雪、金山・銀山の採掘に尽力した大久保長安などが採用され、持ち前の能力を発揮し、徳川家に新たな風を吹き込んだ。また、家康の側近である石川数正が、家康から秀吉の下へ出奔する事件があった。秘密漏洩を恐れ、徳川の軍制を一新し武田の軍制を採用した際も、武田遺臣たちが、大きな力となった。

天正10（1582）年6月2日、本能寺の変で信長が果てると、甲斐では武田遺臣による一揆が起こり、信長から甲斐を与えられた河尻秀隆が殺された。ともに甲斐侵攻を行った北条氏政は、混乱に乗じて武田の旧領を併合しようと画策。これに対して、家康も軍勢を派遣したため、甲斐、信濃、上野を巡り、徳川軍と北条軍で争うことになった。

対陣は4か月ほども続いたが、家康は娘の督姫を北条氏政の子・氏直に嫁がせる条件で和睦。こうして、武田氏の遺領は、徳川氏が甲斐、信濃、北条氏が上野を獲得する形で分割された。家康はついに、三河、遠江、駿河、甲斐、信濃の五か国を領有する大名となった。

【コラム】

正室・築山殿と嫡男・信康の死

〈信康を訴える12カ条の訴状〉

天正3（1575）年の長篠・設楽原の戦いから、武田氏が滅亡する天正10（1582）年の7年間、徳川家康と武田勝頼は、表舞台と水面下において、一進一退の攻防を繰り広げていた。そのせいかもしれない。天正7（1579）年に信じられない出来事が起きた。何と、家康の命令で正室・築山殿が殺害され、嫡男・信康が自害へ追い込まれたのである。

きっかけは信康に嫁いでいた信長の娘・徳姫が、天正7年に、父・信長に送った「夫・信康を訴える12カ条」の手紙だという。そこには、領民に対する粗暴な振る舞い、家康との相互不信、築山殿の不行儀と武田方への内通など、夫・信康を訴える12カ条が書かれていたのだ。この訴状を受け取った信長は、直ちにそのとき安土城に滞在していた徳川家重臣・酒井忠次に問い質した。

ここで忠次は、難しい選択を迫られた。訴状の内容を肯定すれば、家康の妻子が謀反を企てていることを認めることになる。一方、否定すると徳姫が嘘をついていることになる。困った忠次は、何も答えることができなったという。

はっきりしない忠次の態度を見た信長は、徳姫の訴えが真実だと看破し、家康に「信康を切腹させよ」と伝えたという。悩みに悩んだ家康は、信長の命に逆らうことができず、やむなく従ったという。

〈すでに冷えきっていた
家康と築山殿の関係〉

ここで、家康と築山殿、信康との関係を整理しておきたい。築山殿は、今川義元の姪（重臣・関口氏純の娘）に当たり、名を瀬名姫といった。年齢は家康より3、4歳上とする説、9歳上とする説など諸説ある。弘治3（1557）年、家康（当時は元信）が16歳の時に2人は結婚した。もちろん、今川氏の人質時代であるから、家康の意志を無視した政略結婚である。

永禄2（1559）年、信康が誕生。幼名は竹千代。桶

「長篠の戦い」直後の徳川家の領地

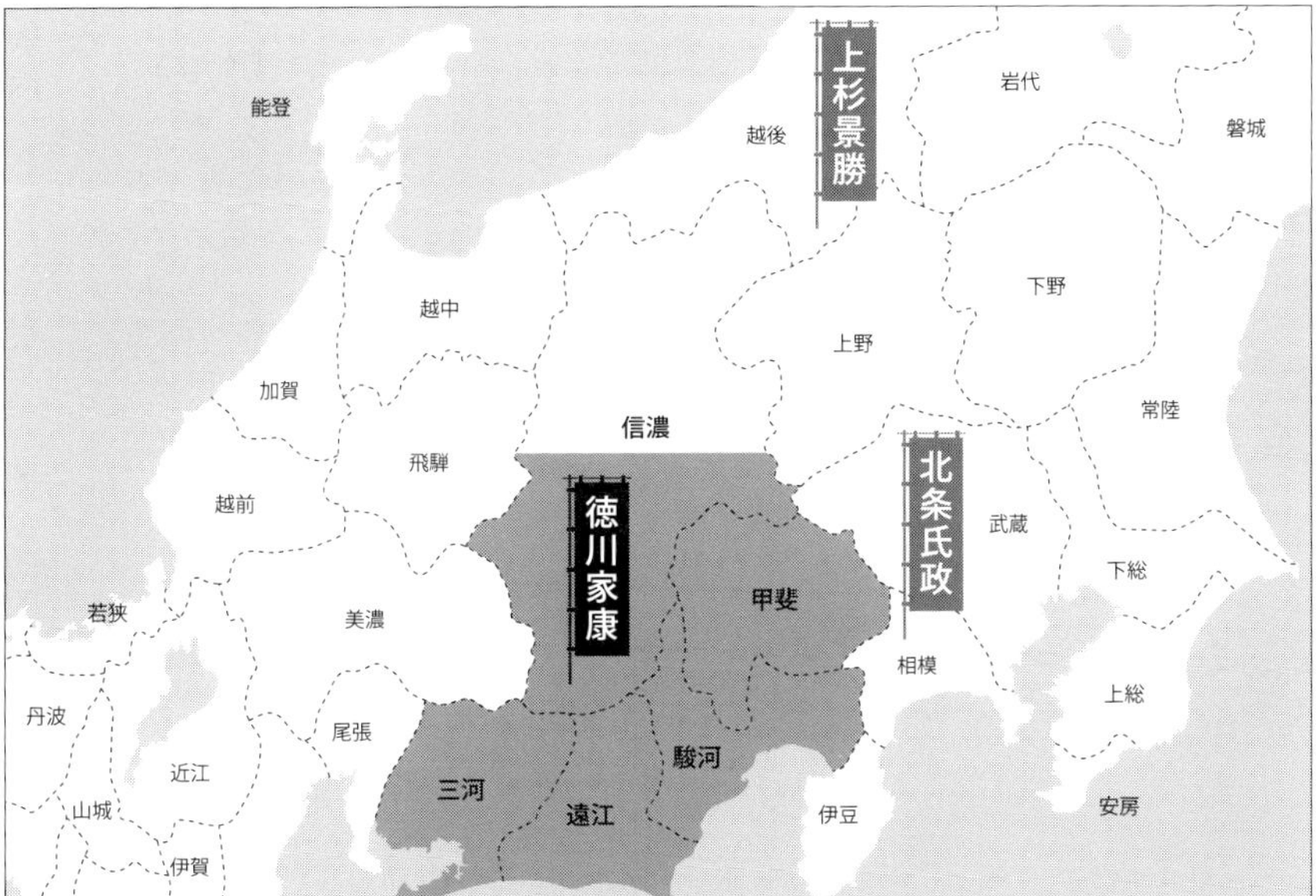

狭間の戦いの後に家康は独立し岡崎に帰還。さらに永禄5（1562）年、家康が今川氏を裏切り、信長と同盟を結んだことから、母子ともに今川氏真に抑留されたが、人質交換で岡崎に迎えられた。岡崎に移った瀬名姫だったが、徳川家の正室が、織田家と敵対する今川一族の娘では都合が悪い、という家康の判断により、岡崎城に入ることはおろか、家康とは面会すら許されず、城下の築山へ追いやられ幽閉。以降、「築山殿」と呼ばれた。

永禄10（1567）年、竹千代（信康）は信長の娘・徳姫と結婚。2人はともに8歳だった。元亀元（1570）年、竹千代は浜松城で元服し、「信康」と名乗り岡崎城主となった。家康が浜松へ移ったことにより、ようやく築山殿は、「城主の生母」として岡崎城へ入城したという。このような事実から、家康と築山殿、信康の関係が良くなかったことが想像される。悪いことは、さらに続く。

当初、信康と徳姫の関係は良好で、天正4（1576）年と天正5年に女児を生むが、男児が生まれないことを心配した築山殿が、親心から、元武田家臣の娘を側室として迎えた。ところがこの行為が、築山殿と徳姫の関係を悪化させ、次第に信康と徳姫の関係も悪化していった。これが、信長への訴状になったのである。

〈徳川家最大のタブー、正室と嫡男の死〉

話を戻そう。信康は家康の命令で、大浜城、堀江城と移動した後、天正7（1579）年、二俣城において自害させられた。まだ21歳の若さだった。

信康の危機を知った築山殿は、助命嘆願のため、岡崎城から浜松城へ向かう途中、天正7（1579）年、佐鳴湖に近い小藪村（浜松市中区富塚町）で、家康の家臣によって殺害された。享年39。

築山殿も信康も、織田、徳川、今川、武田の政略の渦のなかに翻弄され、悲劇の死を遂げた。実は、この事件の真相は定かではない。「家康によって、築山殿と信康が殺害された」以外、信頼できる資料は残っていないからだ。すべては、家康最大の汚点を消すために、江戸幕府がつくった創作かもしれない。

其之漆

「伊賀越え」【家康41歳】天正10（1582）年

織田信長の勧めで、
大坂・堺を遊覧していた家康一行。
そこに「信長、本能寺で自刃！」
の知らせが入る。
明智の追手や落武者狩りに追われ、
人生最大の大ピンチ！

徳川家康には、人生で2回、死を覚悟した瞬間があったという。一つは「三方ヶ原の戦い」。もう一つは、今回の「伊賀越え」である。

天正10（1582）年5月。家康一行は安土城で織田信長の接待を受けたあと、信長に勧められ、京、大坂、堺で遊覧を楽しんだ。

6月2日。帰国する前に、信長に挨拶しようと考えた家康は、腹心の本多忠勝を先行させて京へ向かっていた。忠勝は枚方《ひらかた》（大阪府枚方市）あたりで茶屋四郎次郎と出会い「本能寺の変」を知る。茶屋は、家康と懇意にしている京の豪商である。茶屋を伴い急いで引き返した忠勝は、飯盛山（大東市北条）で家康一行と合流した。

「本能寺で信長が討たれた！」。光秀謀反の報を聞いた家康は、驚愕すると同時に、恐怖で震えた。なぜなら、家康一行が無防備であることを、光秀は知っていたからである。この時、家康に随行していたのは34名。重臣の石川数正、徳川四天王の酒井忠勝、本多忠勝、榊原康政、井伊直政。さらに、大久保忠隣、高力清長、永井直勝など、そうそうたるメンバーが揃ってはいたが、武装はしていなかった。もし今、明智の大軍に襲われたら、徳川家は壊滅する恐れがあった。

気が動転した家康は、「このまま雑兵の手にかかって死ぬより、京へ上って知恩院[*1]で腹を切ろう」と言い出したが、何とか忠勝らが説得して、三河に引き返す決意を固めた。問題は、どのようなルートで三河へ帰るかである。堺からの海路も検討されたようだが、議論の末、最短コースである「伊賀越え」が選択された。

この時代、合戦に負けた側は、勝った側に追討されるだけではなく、落武者狩り[*2]で殺害されることがよくあった。それを知っている家康は、東海道や中山道など、東へ通じる主要幹線は避け、人目につかない山道を選んだのである。

この逃走劇で頼りになったのは、信長の家臣で畿内遊覧の案内役を務めていた長谷川秀一、大量の金銭を準備していた茶屋四郎次郎、そして伊賀出身の父を持つ服部半蔵の3人であった。

夜になって飯盛山を出発した一行は、まず秀一の知人である宇治田原城主・山口秀康を頼って、宇治田原城（京都府宇治田原町）をめざした。そこで1泊した一行は、翌3日、馬を替えて出立し、秀康の父・多羅尾光俊が城主を務める小川城（滋賀県甲賀市）へ向かった。その間は、秀康が兵を率いて道中を警護し、小川城からも甲賀者が派遣された。飯盛山から小川城まで、家康一行はほとんど寝ていなかったが、光俊のもてなしを受けて、この日

「神君の伊賀越え」逃走ルート

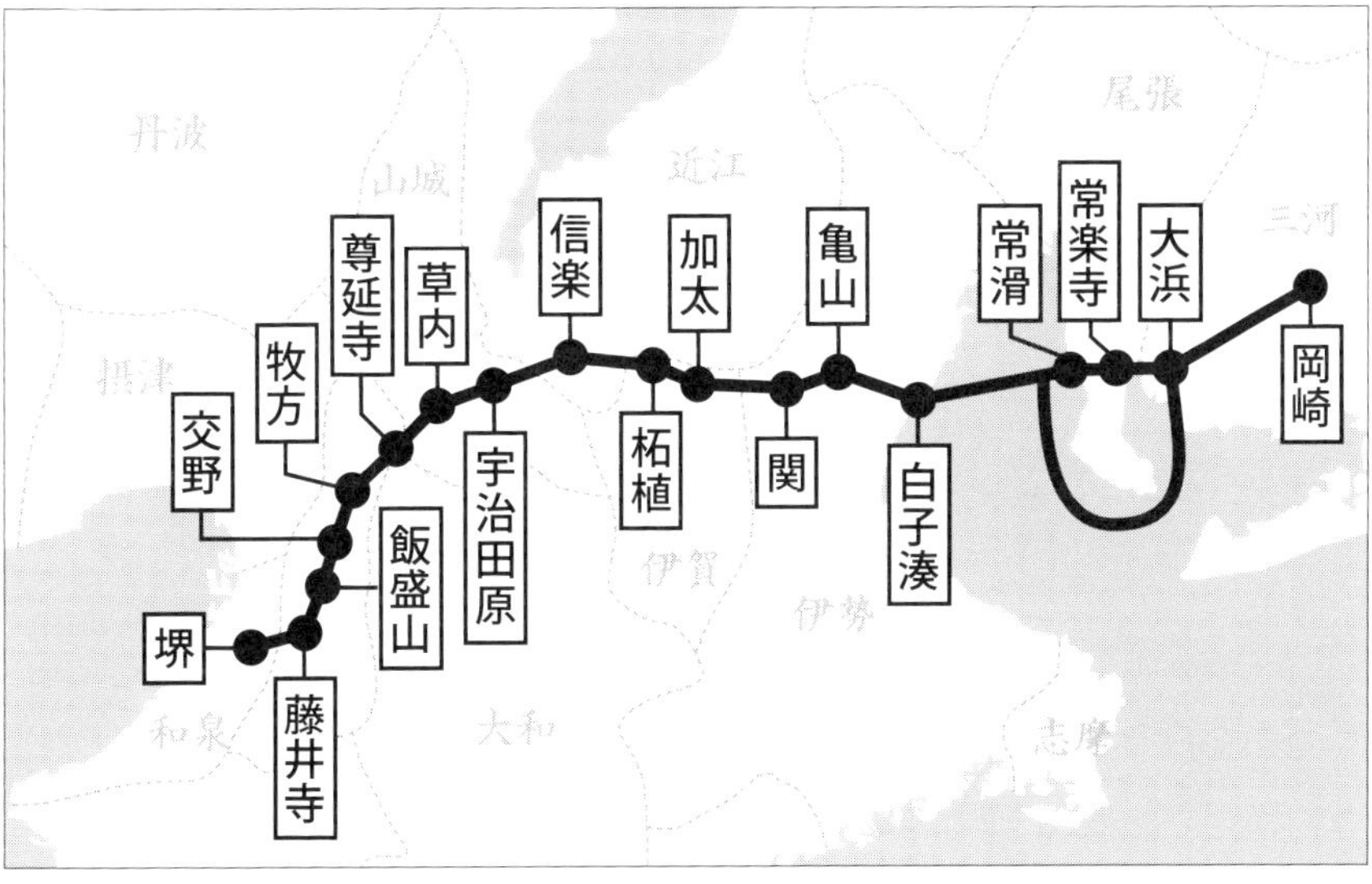

はぐっすり眠りについた。

「甲賀《こうか》」エリアまでは、光俊父子の協力により無事通過し、「伊賀」エリアでは、茶屋四郎の財力が大いに功を奏した。茶屋は地域の有力者にお金を配り、道中の安全と食糧を確保した。4日早朝、一行は小川城を出発。まず御斎峠《おとぎ》を越え伊賀に入り、険しい山道を通り音羽郷から柘植に向かう。

この時、服部半蔵の手配により、伊賀者200人が警護に加わったという。途中の音羽郷では一揆勢に襲われるが、甲賀、伊賀、地侍の活躍で何とか難を乗り切った。伊勢に入る加太越《かぶとご》えでも、落武者狩りに襲われるが、激しい戦いの末、雑兵200名を討ち取ったという記録が残っている。「伊賀」エリアは、自治組織が発達しており、しかも前年の「天正伊賀の乱」で信長が伊賀の土豪を大量殺りくしたため、家康一行にとって最も危険な地域であった。

伊勢に入り、関の瑞光寺で一休みした一行は、夜の9時頃に白子湊に到着。ここで、甲賀者、伊賀者と分かれ、午後10時頃には、夜の闇にまぎれて伊勢湾を渡った。

ここから先は、大野（愛知県常滑市）上陸説と大浜（愛知県碧南市）上陸説の2説あるが、どちらにしても大浜を経由して岡崎城へ帰還した。

こうして家康は、本能寺の変により起こった危機を、辛くも乗り越え、何とか帰国を果たしたのである。

この後、茶屋家は江戸幕府御用達の呉服商として取り立てられ、伊賀の土豪たちは、服部半蔵を頭領に「伊賀衆」として幕府お抱えの忍びとなった。

＊1　知恩院（京都市）　京都市東山区林下町にある浄土宗の総本山。浄土宗は、松平氏、徳川氏が信仰する宗派で、菩提寺はすべて浄土宗である。知恩院は、浄土宗の宗祖・法然が後半生を過ごし、没したゆかりの地に建てられた寺院でもある。徳川家康が江戸幕府将軍になったことにより、現在のような大規模な伽藍が建立された。

＊2　落武者狩り　戦国時代、合戦で敗れた武将（落武者）を探して略奪し、殺害した慣行。武将の鎧や刀などを奪い、売ったり、金品など得たりした行為。

【なぜそうなったのか？】

この時期、長年の宿敵・武田氏を倒し家康も信長も、少し油断をしていたのではないだろうか？家康は、徳川家の主要メンバー34人を連れ、半月以上の観光旅行を楽しんでいる。事件は、その一瞬のスキをついて起きた。

天正10（1582）年3月、家康は、信長とともに甲斐へ侵攻し、敵の総大将であった武田氏を滅ぼした。その功により、家康は「駿河」一国を得て、3国を支配する大名となった。

同年5月15日、家康は「駿河拝領の礼」を名目に、主要幹部を引き連れ、信長のいる安土城を訪問した。もちろん、合戦ではないので、武装はしていない。足軽や雑兵もいない無防備な状態である。

安土城では、信長の命を受けた明智光秀の接待を受け、後に「安土の饗応膳《きょうおうぜん》」と呼ばれる見たことも聞いたこともない豪華な料理に舌鼓を打った。安土に6日間滞在した後も、すぐには帰国せず、京、大坂、堺へ遊覧に出かけるのである。堺では妙國寺に逗留。5月29日に堺の代官・松井友閑宅[*1]で接待を受け、6月1日は今井宗久宅[*2]で朝の茶会、昼は津田宗及宅[*3]で茶会、夜は再び友閑宅に戻り、茶会のあと、酒宴を行っている。

その夜に「本能寺の変」は起きた。家康一行は無防備である。しかも、地理にも明るくない。もし、明智軍に襲われたら、徳川家は壊滅的な危機を迎えることであろう。しかし、ここにきて、疑問点が三つある。

一つは、本当に明智軍は家康一行の殺害を狙ったのであろうかという疑問。もう一つは、ここでも家康は「腹を切る」と言っているが本当だろうかという疑問。そして、三つ目は、なぜ大和、山城、近江という地名はなく、「神君の伊賀越え」と呼ばれていたのかという疑問である。

最初の疑問についてだが、光秀の立場から考えれば、信長と嫡男・信忠を討ったのだから、次に狙うのは次男・信雄、3男・信忠だと思われる。その次に織田家の重臣たちという順番だろう。いくら同盟者とはいえ、1万3千の兵しかいない明智軍が、家康にまで手を回せるとは思えない。それに光秀が、家康に敵意を持っていたかどうかも疑わしい。おそらく家康一行を襲ったのは、山賊か、賞金目当ての落武者狩りであったと思われる。

次に、家康の「切腹」についてだが、家康は、桶狭間の戦いの時も、三方ヶ原の戦いの時も、とくに理由もないのに、「腹を切る」と言って、周囲の説得を受けている。何だかそれは、後の時代につくられた「家康を神格化する」ための演出のような気がしてならない。

三つ目の疑問だが、以前に「伊賀越え」の道を、一部だが実際に歩いて、あまりの険しさに音を上げたことがある。大和路や甲賀路は、まだ比較的に平坦なコースが多いが、「伊賀越え」は鈴鹿山脈を越えるため、かなり厳しい山道の連続である。昼間でも暗く、何度も道に迷ってしまった。今でもそのような状態だから、当時はもっと厳しく、危険も多かったと思われる。41歳の家康には、まさに命がけの逃走だったに違いない。

その最も険しかった「伊賀」を名称に使い「神君の伊賀越え」としたのだと想像される。ちなみに「神君」とは、後に「神様」になった家康を指している。

＊1　松井友閑《ゆうかん》　祖父・松井宗富が室町幕府に仕えて以来、代々幕臣として仕えた。友閑は永禄の変で足利義輝が三好三人衆らに殺害されると、織田信長の家臣となった。

＊2　今井宗久　堺の町人で茶人。千利休、津田宗及と共に茶湯の天下三宗正匠と呼ばれた。武野紹鴎《たけのじょうおう》に茶を学び、やがて紹鴎の女婿となり、家財茶器などをことごとく譲り受けた。

＊3　津田宗及　堺の町人で茶人。堺の豪商・天王寺屋の津田宗達の子として生まれる。茶人・武野紹鴎の門人であった父に茶道を教わる。千利休、今井宗久と共に茶湯の天下三宗正匠と呼ばれた。

【本能寺の変】

本来であれば、家康にとって「人生で最も楽しい観光旅行」になるはずであったが、それが一転「人生最大の危機」に変わってしまった。その原因は、誰も予想していなかった「本能寺の変」が、突然起こったからだ。

天正10（1582）年6月1日。徳川家康一行は、京、大坂、堺遊覧の最終日の夜に、松井友閑宅で酒宴を開いた。翌日、一行は逗留していた妙國寺を出立し、京の本能寺で、信長に挨拶する予定であった。

その1日の夜。明智光秀軍は兵1万3千を率いて丹波亀山城を出発。秀吉軍の応援をするために、西国へ行くふりをして京へ向かった。老ノ坂を越え、京に入り桂川を渡る時に、光秀は「敵は本能寺にあり！」と宣言したという。2日未明、明智軍は信長が泊まる本能寺を包囲した。信長に近侍する者は100名しかおらず、しばらく応戦したものの、信長は「是非に及ばず（仕方がない）」という言葉を残して自刃したという。

信長の死は、備中高松に出兵していた羽柴秀吉や越中の柴田勝家など、織田家の重臣たちに知らされた。誰もが畿内を離れており、光秀はあえて、この時を狙っていた。さらに光秀は、天下を掌握するために、安土城へ派兵し、友好関係にある有力大名に加勢を求めた。しかし、頼みにしていた細川藤孝、筒井順慶、高山右近の協力は、得ることができなかった。

【山崎の戦い】

信長が本能寺で討たれたのが6月2日未明。その頃秀吉は、毛利と対峙し、備中高松城（岡山市）を水攻めしている最中だった。3日に変事を聞いた秀吉は、4日に毛利と和議を成立させ、すぐに撤兵を開始。いわゆる「中国大返し」の始まりである。その頃、家康一行は伊賀越えをしている最中だった。

秀吉が、「山崎の戦い」で光秀を破ったのは6月13日。家康が出陣したのが14日だから、家康は秀吉に、一歩遅れをとったことになる。しかし、誰もが秀吉軍の「中国大返し」に度肝を抜かれたことだろう。秀吉の機敏な行動力、兵士の士気を高める統率力、友軍を集める巧みな情報力など、秀吉の能力が最大限に発揮された戦いであった。

光秀を討った秀吉は、「清須会議」で優

羽柴秀吉軍「中国大返し」の進軍ルート

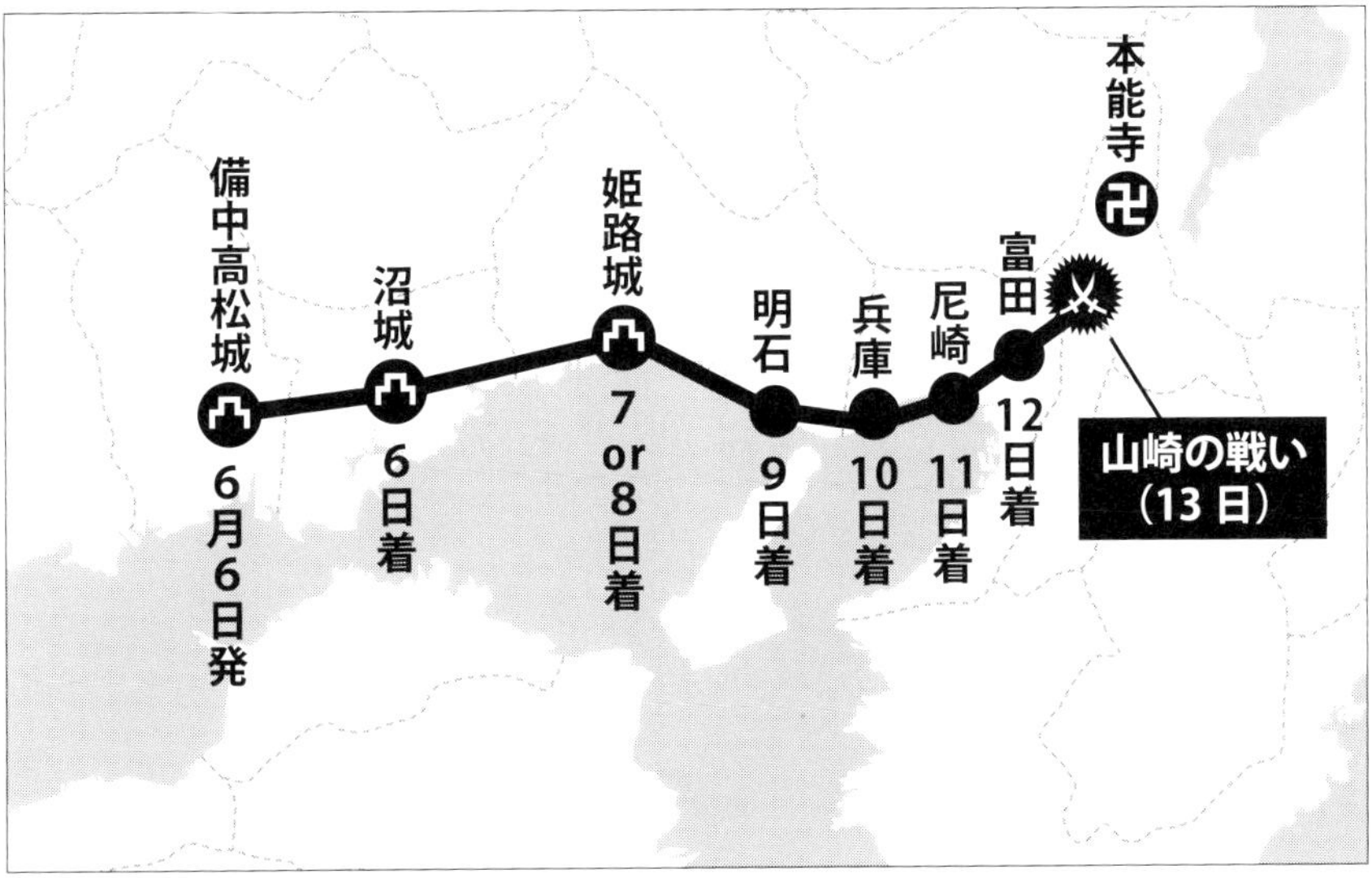

位に立つと、天正11（1583）年、信長の後継をめぐって対立した織田家筆頭家老の柴田勝家を「賤《しず》ケ岳の戦い」で破り、一躍、天下に名乗りを上げた。

その時、家康は……。

6月5日に帰国を果たした家康は、当初、すぐに信長の弔い合戦へ出陣する勢いだった。それが少しトーンダウンする。最初は6月12日、それが14日に延期された。家康は、清須城に逃れていた信長の孫・三法師を擁して明智光秀を討つべく出陣したが、鳴海に着いたところで、秀吉が光秀を討ったという知らせが届く。おそらく「あり得ない」と思ったことだろう。あまりに早すぎるからだ。家康はかまわず津島まで軍を進め、19日に秀吉からの連絡を受け、引き返した。

家康は判断を誤ったのである。織田家臣団筆頭の柴田勝家は、北陸で上杉軍と対戦していて急には動けない。滝川一益は関東の厩橋《うまやばし》で地元の経営にあたっているが、なにしろ遠い。羽柴秀吉は、備中で毛利勢と対峙している最中。となると、京への最短距離にあり、自分がもっとも有利な立場であると判断していた。

秀吉に先を越されたことに気づいた家康は、急いで領地に戻ると、どさくさに紛れて甲斐と信州を領地に加え、天下を狙う姿勢を示した。信長亡きあと、誰もが天下人になれるチャンスがあったのだ。

家康は、信長の後継者争いを静観していた。次男の信雄《のぶかつ》か3男の信忠か、それとも……。しかし、まさかと思った秀吉が、強大な権力を奪取するという異常事態に、ついに家康は動き出す。1562年の清須同盟から、織田家の内情を知っている家康にとって、みるみるうちに出世していく秀吉を不気味に思っていたが、秀吉が信長の後継者となった時、驚愕したに違いない。あの謙虚で、誰にでも低姿勢な小男が織田家の跡取りとは……。秀吉が「賤ケ岳の戦い」で、天下人の最先端に飛び出すと、家康は密かに信長の次男・信雄に接近した。

本能寺の変後の勢力分布図

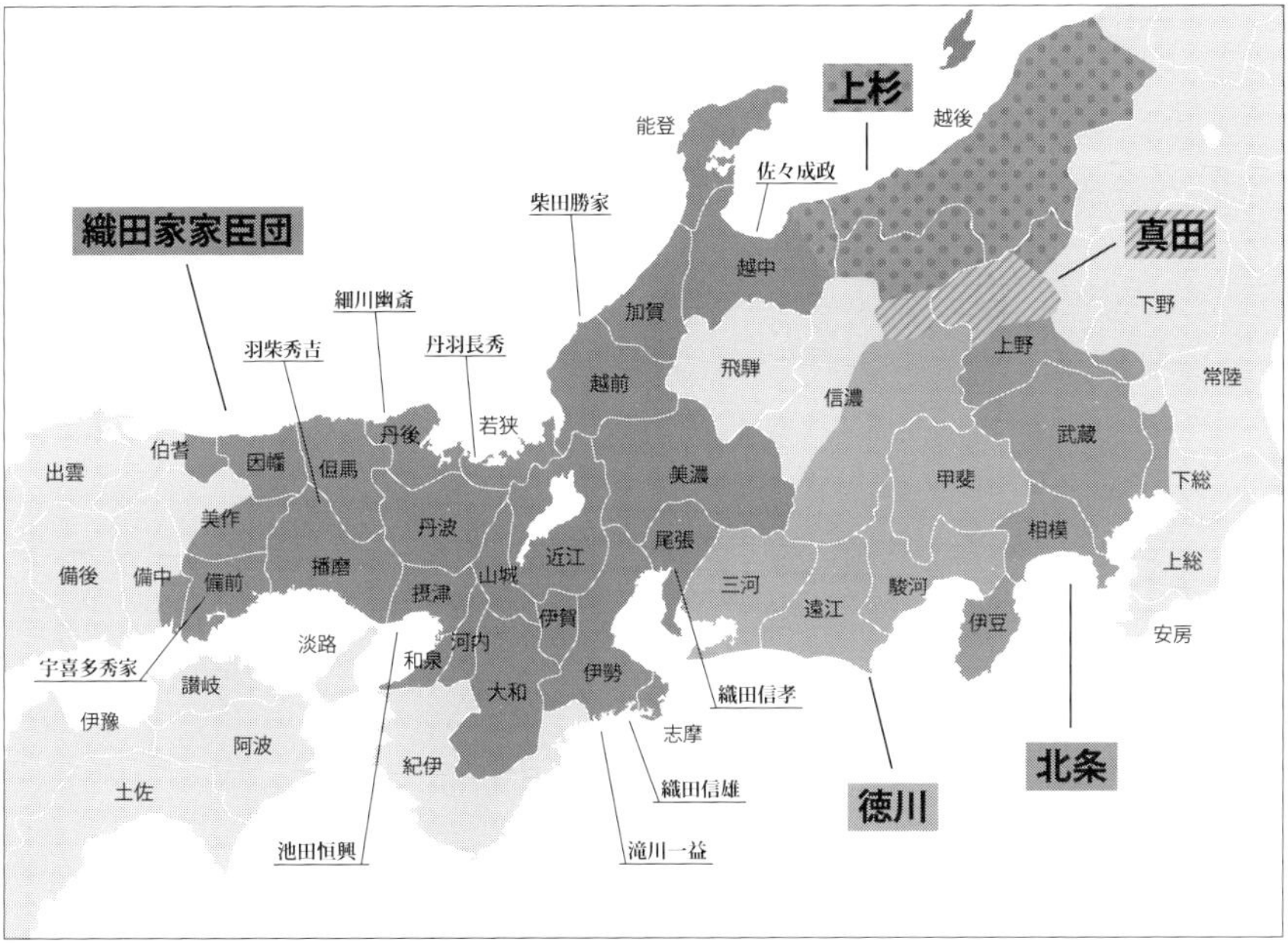

「伊賀忍者」の誕生

伊賀越えの際には、多羅尾光俊が派遣した「甲賀者」、服部半蔵正成ゆかりの「伊賀者」が大いに活躍した。家康は、その恩に報いるために、江戸幕府を開いた際に、伊賀者、甲賀者を数多く召し抱えている。

たとえば、伊賀者の場合は、与力30騎と伊賀同心200名が服部半蔵の家臣となり「伊賀衆」と呼ばれた。現在の「半蔵門」は、その名残で、彼らは、半蔵門近くに組屋敷を構え、江戸城を警備し、非常時には将軍を甲州街道から幕府の天領である甲府へと安全に避難させる役割も担っていた。

「伊賀者」は、もともと特殊技能を持ち「忍び」と呼ばれていたが、江戸後期や明治にかけて芝居や講談などでスーパーヒーローとなり、「忍者」という言葉が使われるようになった。その忍者の代表が江戸幕府に召し抱えられた伊賀衆であったため「伊賀忍者」が有名になった。

【コラム】

信長が家康を接待「安土饗応膳《きょうおうぜん》」

安土城における、織田信長による徳川家康一行への「おもてなし」は、天正10（1582）年5月15日〜21日まで6日間行われた。接待役は信長の命を受けた明智光秀だった。

その時に出された料理は、「安土饗応膳（御献立）」と呼ばれ、『続群書類従』に記録されている。

信長の「安土饗応膳」は、古代の朝廷に始まった儀式料理の流れをくみ、さらに室町時代の武家風の儀式文化や作法に従い、料理の手順、食品の取り合わせ、盛り合わせなどすべて公式の料理のスタイルで構成されていた。

冷蔵庫や冷凍庫がなく、物流がほとんど発達していない時代とは思えないほど、山海の珍味を盛り込んだ豪華なものだった。

5月15日に出された「おちつき膳」を紹介してみよう。

●「本膳」
蛸（茹でてイボを取り、皮をむいたもの）
鯛の焼物（家康の好物）
菜汁（青菜を入れ、みそ汁の上澄みを取った「すめ味噌」の汁）
なます（コイのなます。身を細く切ってワサビ酢で和える）
香の物（味噌の漬物。古来より味噌のことを「香」といった）
鮒寿司（琵琶湖産のニゴロブナを使った滋賀県の名物）
御飯
●「二膳」。うるか（鮎の塩辛）、宇治丸（うなぎ）、貝アワビ、はもなど。
●「三膳」。焼き鳥、かざめ（ワタリガニ）など。

●「与膳」。巻きするめ、しきつほ（茄子の味噌漬け）、椎茸など。
●「五膳」。マナカツオ、生姜酢、鴨の汁など。
●「御菓子」。羊皮餅（大福餅のような菓子）、まめあめ（大豆を炒った菓子）、美濃柿（甘柿）、花に昆布など。

家康の好物が鯛だったこともあり、光秀は鯛を用意したようだが、このときの鯛の臭いが信長の怒りを買い、家臣の前で激しく叱責されたという。それが、後の「本能寺の変」の引き金にもなった、という説もある。

其之捌

「小牧・長久手の戦い」【家康43歳】天正12（1584）年

織田信雄《のぶかつ》に懇願され、

織田の援軍として、秀吉軍8万

と戦った家康軍1万6千。

ところが、

信雄と秀吉が密かに和解。

取り残された家康の立場は……!?

天正10（1582）年、織田信長が本能寺で果てると、羽柴（豊臣）秀吉は天下に手を伸ばした。謀反を起こした明智光秀を山崎の戦い[*1]で倒し、賤ケ岳の戦い[*2]で柴田勝家を破り、もはや秀吉に対抗できる武将はいない、と思われた。

そこに待ったをかけたのが徳川家康である。家康は、織田家の次男・織田信雄を前面に立てると、反秀吉勢力を結集し、秀吉に反旗を翻した。こうして、天正12（1584）年3月、秀吉軍8万対家康・信雄軍1万6千の直接対決「小牧・長久手の戦い」が始まった。合戦の様子を、日にちを追って紹介しよう。

●3月13日、秀吉方の重鎮・池田恒興[*3]（大垣城主）は、信雄の支配下にあった犬山城を奪い取り拠点とした。同じ日、家康は8千の兵を率いて清須城に入り、信雄と合流し軍議を開いた。

●3月15日、家康と信雄は、ともに小牧山城へ移り本陣とした。総数は1万6千。

●3月27日、秀吉は8万（10万、20万という説もあり）の兵を率いて犬山城に入城。周囲を丹念に視察した後、羽黒、内久保、外久保、青塚、二重堀、田中、小松寺山、岩崎山に砦を築き、小牧山城を包囲した。

●秀吉本隊は楽田城に本陣を置き、わずか3キロ先の小牧山城と対峙。膠着状態となり、我慢比べの期間が10日間も続いた。

こうした状況に痺れを切らしたのが、秀吉方の池田恒興だった。恒興は、秀吉に「今のうちに、手薄になっている三河（家康の本国）を攻撃しよう」と提案。秀吉は、この奇襲作戦に最初は難色を示したが、織田家の先輩格にあたる恒興の意見は無視できず、三河を攻撃するために別働隊を組織した。

「小牧・長久手の戦い」布陣図

●4月6日夜半、秀吉の甥・羽柴秀次[*4]を大将に、秀次隊、池田恒興隊、森長可《ながよし》隊、堀秀政隊が、別働隊となり家康の本拠地・岡崎へ向かった。

●4月8日夜半、秀吉方の動きを察知した家康は、1万の兵を率い小幡城（名古屋市）へ入り、密かに別働隊を追跡する。

●4月9日未明、池田恒興は、家康方の岩崎城[*5]（日進市）から銃撃を受け落馬。怒った恒興は岩崎城を攻撃する。「岩崎城の戦い」

●4月9日未明、白山林（名古屋市、尾張旭市）で休息していた羽柴秀次隊を、家康軍が一斉攻撃。秀次隊がほぼ壊滅状態となった。「白山林の戦い」

●4月9日早朝、秀次隊の敗北を知り、堀秀政隊が桧《ひのき》ヶ根《ね》（長久手市）に陣を置き、家康方の追撃隊を打ち破った。「桧ヶ根の戦い」

●4月9日朝、池田恒興隊と森長可隊が合流し、仏ヶ根（長久手市）にて、家康軍と戦う。その結果、恒興、長可という2人の大物武将が戦死した。「仏《ほと》ヶ根《ね》の戦い」

別働隊の敗北を知った秀吉は、いても立ってもいられなくなり、その日の正午、楽田城を出て龍泉寺[*6]（名古屋市）まで出陣。その後、家康が数キロ先の小幡城に入ったこと察知し、翌日、直接対決を挑むつもりであった。ところが、それに気づいた家康は、密かに小幡城を抜け出し、再び小牧山城に戻った。またしても、家康に裏をかかれた秀吉は、地団駄を踏んで悔しがったという。

こうして、長久手の戦いは家康軍の大勝利に終わったが、その後から、秀吉の巻き返しが始まった。信雄が小牧山城を引き払い、居城の長島城に戻ると、美濃国内の信雄の支城を次々と攻め落し、信雄に圧力をかけた。信雄は心理的に追い詰められ、それを見透かすように、秀吉は単独講和を持ちかけた。11月15日、信雄と秀吉の講和が結ばれると、家康は秀吉と戦う大義名分を失い、次男・於義丸（のちの結城秀康）を人質に出す条件で秀吉と和議を結ぶ。こうして、家康と秀吉の最初で最後の直接対決「小牧・長久手の戦い」は終結した。

＊1　山崎の戦い　天正10（1582）年、本能寺の変を受け、山崎（京都府乙訓郡大山崎町）において羽柴秀吉軍と、織田信長を討った明智光秀の軍が激突。秀吉軍が勝利し、信長の仇を討った。別名「天王山の戦い」。

＊2　賤《しず》ケ岳の戦い　天正11（1583）年4月、近江国伊香郡の賤ケ岳（滋賀県長浜市）において、羽柴秀吉と織田家筆頭家老の柴田勝家が戦った。この戦いは織田勢力を二分する激しいものとなり、これに勝利した秀吉は、天下をほぼ手中に収めた。

＊3　池田恒興《つねおき》　織田信長の後継者を決める「清須会議」にも出席した織田家の重臣のひとり。信長の乳兄弟でもあり猛将として知られた。息子には姫路城を築城した池田輝政がいる。

＊4　羽柴秀次　豊臣秀吉の甥。母は秀吉の姉・とも。賤ケ岳の戦いで戦功をたてたが、翌年の長久手の戦いでは徳川家康軍に大敗し、秀吉から厳しく叱責を受ける。秀吉の養嗣子となり、豊臣家の後継者と目されたが、後に秀吉から謀反の疑いをかけられ自刃した。

＊5　岩崎城（日進市）　丹羽氏が代々城主を務めた城。「岩崎城の戦い」の際、城主の丹羽氏次は不在であったが、留守を預かった弟・丹羽氏重の活躍により、池田隊の進軍を止め、大きな功績を残した。

＊6　龍泉寺（名古屋市）　尾張四観音の一つで天台宗の寺院。濃尾平野を眼下に見下ろす景勝地に建つため、「小牧・長久手の戦い」の際には、秀吉軍の陣が置かれた。

小牧市歴史館
（休館／2022 年 12 月 1 日～ 2023 年 3 月 31 日）
所在地：小牧市堀の内１－１
電話：0568-72-0712
入場料：一般 100 円・中学生以下 無料
開館時間：午前 9 時～午後 4 時 30 分
（有料エリアへの入場は午後 4 時 15 分まで）
休館日：第 3 木曜日（祝日の場合は翌日）・
年末年始
最寄り駅：名鉄小牧駅

れきしるこまき（小牧山城史跡情報館）
所在地：小牧市堀の内１－２
電話：0568-48-4646
入場料：一般 100 円・中学生以下 無料
開館時間：午前 9 時～午後 5 時
（有料エリアへの入場は午後 4 時 30 分まで）
休館日：第 3 木曜日（祝日の場合は翌日）・
年末年始
最寄り駅：名鉄小牧駅

長久手市郷土資料室
所在地：長久手市武蔵塚 204
電話：0561-62-6230
開館時間：午前 9 時～午後 5 時
（入室は 16 時 30 分まで）
休館日：月曜（祝日の場合は翌日）・年末年始
最寄り駅：リニモ・長久手古戦場駅

【なぜそうなったのか？】

豊臣秀吉 V.S. 徳川家康

絶対的なカリスマ・織田信長が亡くなると、秀吉だけではなく、家康の心にも、野心が芽生えたようである。すでに家康は、三河、遠江、駿河、甲斐、信濃の5国を支配する大大名で、もはや怖い存在はいなかったからだ。その頃はまだ、羽柴秀吉に対しても、「信長のイエスマン」程度にしか思っていなかっただろう。

そんな秀吉が、あれよあれよと思ううちに織田家のトーナメント戦を勝ち抜き、いつしか「信長の後継者」のように振舞っている。そこで初めて家康は、信長の次男・織田信雄を利用して、秀吉の動きにストップをかけた。

戦力において秀吉に劣る家康は、まず秀吉に敵対する勢力に「秀吉の暴挙」を告発する書面を送り、「秀吉包囲網」[*1]を構成した。織田家の生き残りである信雄を神輿《みこし》として担げば、秀吉以上の戦力が確保できる、そう思ったのかもしれない。この時点で、天下はまだ、どちらに転ぶかわからない状態であった。

そして、ついに家康と秀吉の直接対決が起こる。数々の合戦を勝ち抜いてきた「戦名人」同士の戦いである。家康は、1万6千の兵を率いて小牧山城に入り、廃城になっていた城跡に堀や土塁を築き、最強の軍事要塞に造り変えた。秀吉は、8万（10万、20万という説もある）という大軍を動員し、小牧山城を包囲するように7つの砦を築き、自身は小牧山城と目と鼻の先にある楽田城に本陣を置いた。相手の動きが、肉眼で確認できる距離だ。

家康は、秀吉軍の兵の数を聞いて、恐怖に震えたことであろう。小牧山の頂上から無数にはためく敵の軍旗を見て、腰を抜かしたかもしれない。あきらかに合戦の方法が変わったと感じたことだろう。その頃から秀吉は、圧倒的な大軍で攻め込み、心理的に追い込む戦いを始めた。

戦いは、膠着状態に陥り、「先に手を出した方が負ける」という心理戦が続いた。先に痺れをきらしたのは秀吉方であった。「三河中入り策」という奇襲戦法を使い、密かに三河へ進軍したが、家康方に裏をかかれ、長久手において秀吉軍は池田恒興、森長可という2人の名将を失う手痛い敗戦を喫した。

こうして、「小牧・長久手の戦い」は、家康の大勝利に終わったかのように思われたが、「秀吉の戦い」はここからが本番であった。

信雄が伊勢長島城へ、家康が駿府城へ帰ると、秀吉は、信雄と家康の連絡網を遮断し、ヘビの生殺しのように信雄を追い詰めていった。信雄方の支城を破壊し、信雄を孤立させ降伏を迫った。さらに、気の弱い信雄に恫喝と懐柔を繰り返し、強引に講和を結んだ。この講和によって、梯子《はしご》を外され、戦う大義名分を失った家康は、秀吉としぶしぶ講和を結ぶしかすべがなかった。終わってみれば、あきらかに家康の完敗であった。それでも家康は、秀吉に頭を下げなかった。

この戦いのあと、秀吉の官位は急激に昇進する。秀吉は合戦をしながら、朝廷工作も同時に行っていたのだ。信雄と講和を結んだ頃に従三位・権大納言になり、四か月後に従二位・内大臣に昇進。さらに、その四か月後に従一位・関白*2にまで上りつめた。そしてついに、天正14（1586）年、秀吉は、朝廷より「豊臣」姓を賜り、太政大臣[*3]に就任する。これにより、事実上の豊臣政権が誕生した。

この時点で家康は、秀吉の臣下に下ることを覚悟したという。何せ秀吉を敵にすることは、朝廷を敵にすることでもあった。その後、家康が秀吉に逆らうことは、一度もなかった。

＊1　秀吉包囲網　「小牧・長久手の戦い」の際、天下を狙う秀吉を阻止するために、徳川家康、織田信雄と反秀吉勢力が連携した。関東の北条氏、北陸の佐々氏、四国の長宗我部氏、紀州の根来・雑賀衆がそのメンバーであった。

＊2　関白　天皇を補佐し，政務を行った重職。天皇が幼少のときは摂政、成長後は関白をおくのが通例。藤原氏が独占したが、藤原氏以外での関白は豊臣秀吉、豊臣秀次の2人だけ。前関白を太閤と呼んだ。

＊3　太政大臣　天正14（1586）年から12年にわたって在任した。このケースは極めて稀で、太政大臣を頂点とする秀吉独自の武家官位制が構想されていたものと考えられる。貧しい農家に生まれた秀吉にとって、「太政大臣」は究極の夢であった。

【天下分け目の大合戦】

「小牧・長久手の戦い」は、決して「小牧」と「長久手」だけで行われた戦いではなかった。家康が、全国の反秀吉勢力に対して告発状を送ったため、それに呼応した反秀吉勢力が、各地で秀吉軍と戦っている。これらの合戦を総称して、「天正12年の東海戦役」とも呼ばれた。

「関ケ原の戦い」が東軍・西軍が一か所に集結して、戦った合戦であるのに対して、「小牧・長久手の戦い」は、各地の戦場を舞台とする合戦である。ともに天下を二分する天下分け目の戦いであった。

【北伊勢の戦い】

天正10（1582）年4月9日、秀吉の弟・羽柴秀長が松ヶ島城（松阪市）を開城させ、城主の滝川雄利は浜田城（四日市市）に移って籠城した。

【美濃の戦い】

4月17日、三河から徳川勢が美濃（岐阜県）に侵攻し、遠山利景が旧領であった明知城を奪還した。

【尾張の戦い】

5月4日、羽柴勢は尾張の加賀野井城、奥城、竹ヶ鼻城を囲み、水攻めなどで落城させた。

【岸和田城合戦】

和泉（大坂）では3月、根来・雑賀衆が、秀吉の留守を狙って堺や大坂に攻め入っている。岸和田城にも攻め入ったが何とか防戦した。しかし、この攻撃よって秀吉は、何度も大坂城に帰還せざるをえない状況となった。

【沼尻の合戦】

5月初旬〜8月にかけて、家康と講和を結んでいる北条氏直（北条軍）と秀吉方の佐竹義重、宇都宮国綱らの間で合戦が起きた。上杉景勝は、秀吉の命で信濃（長野県）に出兵し、北条氏を牽制している。

【第二次十河城の戦い】

6月11日、家康は、讃岐を平定した長宗我部元親に「摂津（大坂）か播磨（兵庫）を攻撃してほしい」と依頼。それを察知した秀吉は、元親の動きを恐れて、楽田在陣中にも大坂に何度も帰っている。

【蟹江城合戦】

6月16日、秀吉軍の滝川一益と九鬼嘉隆は、九鬼水軍の安宅船に乗って、蟹江沖から蟹江城を攻撃し落城させた。蟹江城は、信雄の長島城と家康の清須城の中間にあったため、クサビを打ったのだ。あわてた家康・信雄軍は、即日に反撃を加え、蟹江城を奪い返した。

【信濃の戦い】

8月、「小牧・長久手の戦い」が起こると、信濃・木曽谷領主の木曽義昌が、秀吉方に寝返ったため、家康は9月に菅沼定利、保科正直、諏訪頼忠を木曽へ出兵させた。しかし、妻籠城の山村良勝に撃退され、敗退した。

【楽田城・岩倉城の戦い】

8月16日、秀吉は大坂城から再び楽田城に入った。8月28日、家康も岩倉城に入り、双方、楽田城と岩倉城において対陣するも小競り合いに終わった。

【妻籠城の戦い】

9月。家康方の部隊が信濃に侵攻し、妻籠城（長野県）を攻撃。秀吉方の木曽義昌重臣、山村良勝を撃退した。

【末森城の戦い】

9月9日、家康に呼応した佐々成政が能登の末森城（石川県宝達志水町）を1万の兵で総攻撃し落城寸前まで追い詰めたが、前田利家の反撃にあって退却した。

【戸木城の戦い】

9月15日、戸木《へき》城（三重県）にこもっていた木造具政《こづくりともまさ》ら織田軍が、蒲生氏郷ら羽柴軍と合戦を行い、羽柴軍が勝利した。

東海エリアの「小牧・長久手の戦い」

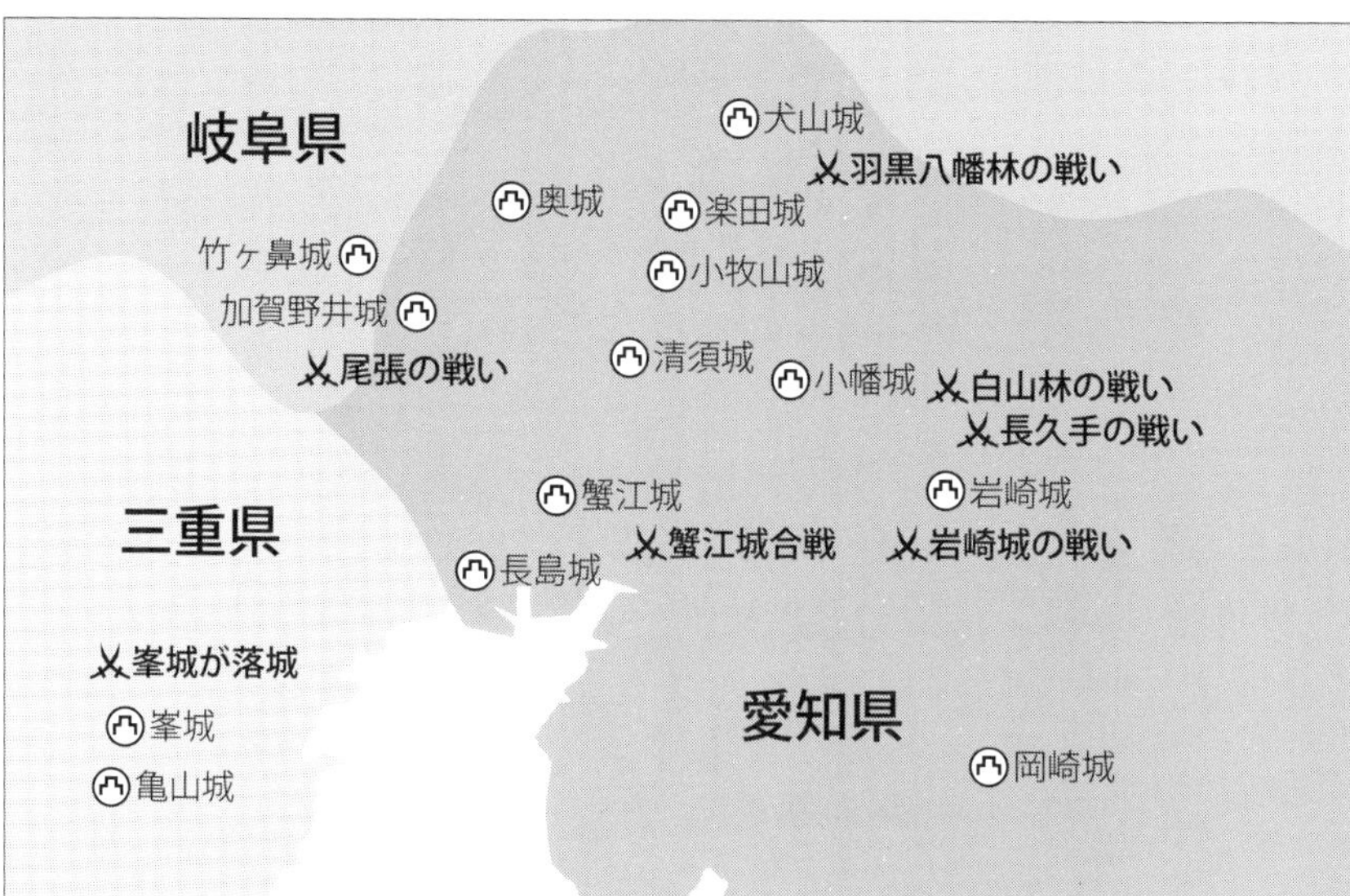

【さらに秀吉は、天下統一へ】

天正12（1584）年11月、「小牧・長久手の戦い」で織田信雄と徳川家康を屈服させた秀吉は、休むまもなく、各地にくすぶる反秀吉勢力の鎮圧に乗り出した。百姓から関白の身分まで上りつめた秀吉は、苗字を「羽柴」から「豊臣」に替え、ついに天下統一をはたすのであった。

紀州攻め

翌年の天正13（1585）年3月、以前から目ざわりだった紀州攻めに乗り出す。紀州は、秀吉に反抗する雑賀衆、根来衆の本拠地で、昔から地侍や国人、宗教勢力が自治を続ける「農民の国」としても知られていた。

その頃秀吉は、信長から引き継ぎ、兵農分離を進めており、農民から武器を取り上げる政策を行っていた。同年4月、秀吉軍は雑賀衆の最後の拠点である太田城（和歌山県）を水攻めにして攻略。紀州を平定した。

四国攻め

同年7月、秀吉は紀州攻めと並行して、四国攻めにも乗り出した。その頃四国では、長宗我部元親が、土佐（高知県）、阿波（徳島県）、讃岐（香川県）、伊予（愛媛県）の四国制圧を成しとげており、秀吉はこのまま放置してはおけない、と遠征を決意した。当初元親は和睦の道を探ったが、交渉は決裂。秀吉軍は12万の大軍で攻めた。元親は、徹底抗戦の構えをみせたが、最終的には降伏した。こうして、四国も秀吉の支配下に置かれた。

秀吉、関白に就任

紀州と四国を攻めたこの年、秀吉は関白に就任した。もはや秀吉は「織田家の家臣」ではなく、武士や貴族、宗教をも支配下に置く、天皇に次ぐ国の最高権力者となったのである。さっそく秀吉は、天皇の命令として「惣無事令《そうぶじれい》（大名同士の私戦の禁止）」を発し、天下統一の大義名分とした。今後、秀吉に逆らう者はすべて、「朝廷に背く国賊」とみなされた。

九州攻め

天正15（1587）年3月の九州攻めは、「惣無事令」の名のもとに行われた。その頃九州では、島津氏が3大勢力であった大友氏、龍造寺氏を攻撃し、一人勝ち状態で、九州全土を席捲する勢いだった。秀吉は、島津氏と大友氏に対して、九州での私戦を禁じる惣無事令を下した。劣勢の大友氏は従ったが、優勢だった島津氏は拒否したため、秀吉は「国賊征伐」として、九州制圧を決意した。勇猛果敢で知られた島津軍であったが、毛利輝元、小早川隆景などの中国勢、仙石秀久、長宗我部元親などの四国勢など総勢20万の大軍に攻められ、さすがに戦意を喪失。当主の義久は剃髪し、秀吉に降伏した。

小田原攻め

天正18（1590）年、秀吉は九州攻めの時と同じく、惣無事令の違反者を征伐するという名目で、北条氏の領国、関東・小田原に攻め込んだ。その頃、徳川氏は北条氏と同盟を結んでいたため、家康は必死で「秀吉に服従するよう」説得したが、北条氏は惣無事令を無視したうえ、徳川配下の真田領を奪取する始末。

同年4月、京都を出立した秀吉は、総勢20万を超える大軍で小田原城を包囲したが、小田原城は難攻不落の名城であったため、容易には落城しなかった。そこで秀吉は、城を見下ろす笠懸山（石垣山）に石垣を積み、本格的な城を築いた。秀吉の本陣になったこの城は、短期間で築かれたので「太閤の石垣山一夜城」と呼ばれたが、秀吉はその櫓や堀に和紙を貼

小田原城包囲図

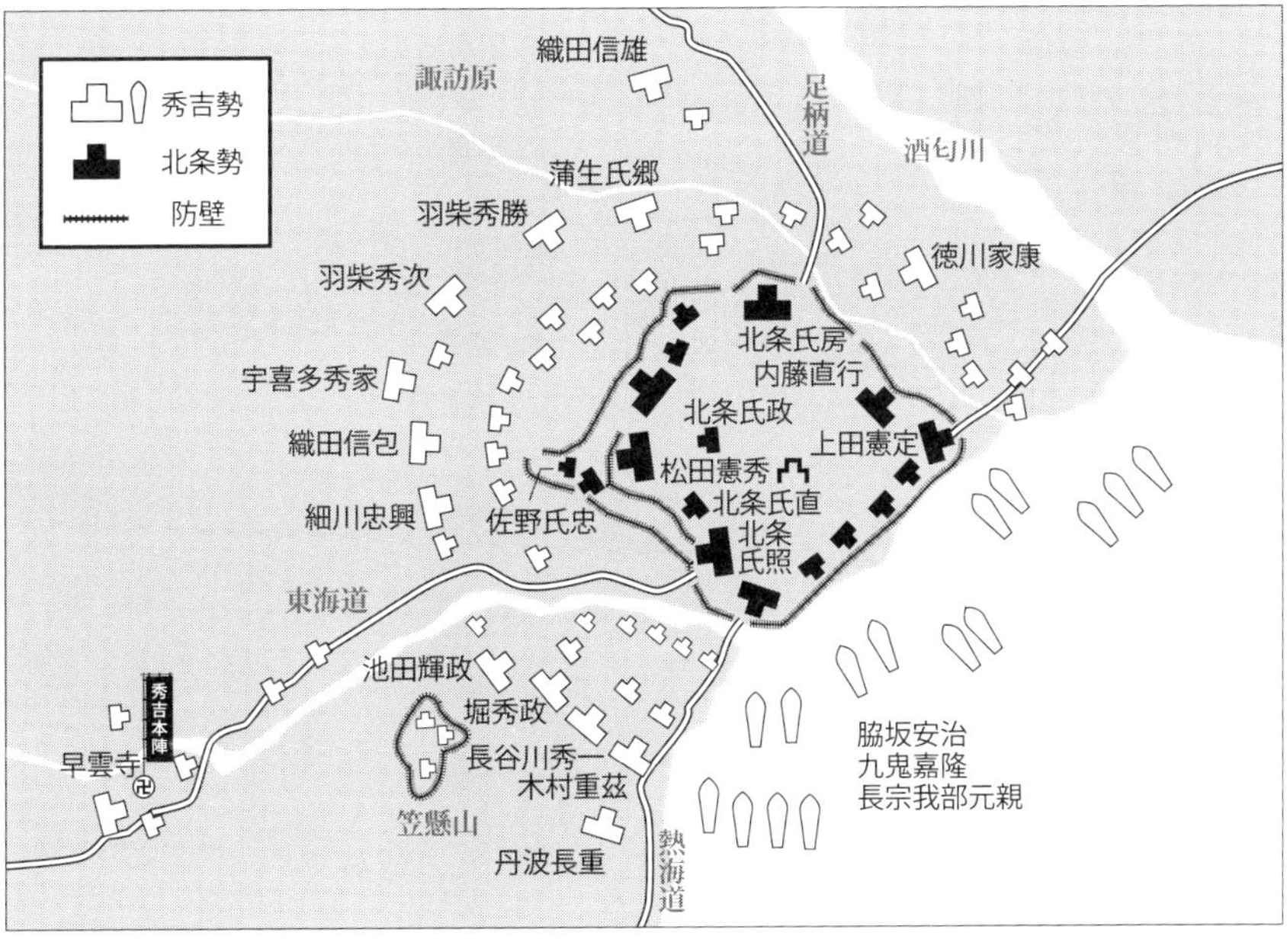

り、白壁のように見せ、ここで茶会や酒宴なども催し、権勢を見せつけていたという。

さすがの北条氏も、この城を見て、圧倒的な兵力の差に愕然とし、戦意を喪失。7月7日、北条氏はついに降伏した。

奥州仕置

北条氏降伏後、秀吉は宇都宮城（栃木県）で、奥羽（東北地方）諸大名に対する「仕置（領土の分割・再配分）」を行った。北条氏と同盟関係にあった伊達政宗は、小田原攻めの際、不穏な動きをし、惣無事令にも違反していたため、大幅な減封処分となった。同様に奥羽の諸大名にも領国の再分配を実行。こうして秀吉は、東北地方も平定し、ついに日本国史上初、信長も実現できなかった天下統一を成しとげた。

その時、家康は……。

秀吉と家康の心理戦

和睦したとはいえ、秀吉と家康の冷戦状態は続いていた。家康は、秀吉に「負けた」という認識はなく（実際、負けていない）、もし秀吉軍が攻めてきたら、再び戦う覚悟をしていたようだ。この時点では。

そんな折りの天正13（1585）年11月、徳川家の重臣で岡崎城代の石川数正が突如として出奔し、秀吉の配下になるという大事件が起きた。石川家は、安祥譜代七家の一つで、代々筆頭家老を務めた名門中の名門である。しかも数正と家康は、ともに駿府の人質時代を過ごしてきた竹馬の友で、最も信頼する家臣であった。そんな数正が裏切るとは……。数正は、家康の名代として何度か秀吉と会っているうちに、秀吉の「人たらし」にやられ、調略されたのである。

この頃から秀吉は、家康に上洛するよう求めてきた。家康がそれを拒絶すると、かつての同志・織田信雄を差し向け説得させた。それでも承知しない家康をみて、次は政略結婚で、従わせようとした。

なんと、自分の妹・朝日姫を離婚させ、家康の後添いとして輿入れさせたい、と申し出たのである。単に人質として、くれるものなら貰っておこう、と家康は朝日姫との結婚を承知する。この時、家康は45歳、朝日姫は44歳だった。ところが、家康はそれでも上洛しなかった。三河武士の意地を見せていた。

すると秀吉は、朝日姫が病にふせったのを好機とばかりに、その見舞いという名目で、74歳になる実母の大政所を家康のもとに送ったのだ。幼い頃に、母親と別れて暮らした家康は、誰よりも「母親孝行」を自認していた。それは秀吉も同じである。そんな秀吉に、ここまでされては、上洛しないわけにはいかなかった。秀吉の本気度が伝わったからである。さすがの家康も、この調略には、完全に兜を脱いでしまった。

天正14（1586）年10月、こうして家康は上洛することになった。大坂についた家康は、秀吉の弟・

羽柴秀長の邸宅を宿所として提供された。明日はいよいよ大坂城で秀吉に謁見するという前夜、ひそかに秀吉が訪ねてきた。そして秀吉は「自分は卑賤な百姓から身をおこしたため、諸大名が必ずしも心服している状態ではない。そこで、明日の対面の際には、わざと尊大に構えるから、その点、ご容赦いただきたい」と頭を下げたのだ。いやしくも武士なら、とてもこんな本音は吐けない。このように、自分を卑下して、開けっぴろげに話せるのが、秀吉の「人たらし」の所以だ。家康は苦笑しながらも、承知するしかなかった。

翌日、家康は大坂城の諸大名の居並ぶ前で、平伏して上洛の挨拶をした。それに対して秀吉は、上座から「三河守、上洛大儀である！」と、大音声で高飛車に答えたという。

諸大名は2人の関係を、固唾を飲んで見守っていたが、家康が平伏する姿を見て、改めて秀吉の権勢のほどを見せつけられたという。その後、家康は秀吉の陣羽織を所望し、「今後殿下は、このような物を着て戦場に立つことはありません」と言って、秀吉を喜ばせたという。こうして家康と秀吉の和平は成立した。

その後家康は、11月12日に、大政所を秀吉の元へ送り返し、12月4日、居城を浜松城から駿府城へ移した。さらに天正18（1590）年8月1日、家康は秀吉の命令で、当時は未開の地だった江戸へ移封。五大老の筆頭として豊臣政権の中核を担った。家康は、秀吉の前に、完全に膝を屈した。

【コラム】

織田信雄《のぶかつ》物語～三介殿《さんすけどの》のなさることよ～

「小牧・長久手の戦い」は、羽柴（豊臣）秀吉と徳川家康の戦いと思われているが、歴史上は、「秀吉と織田信雄との戦い」と記録されている。しかし、愚将と呼ばれた信雄に秀吉に対抗できる力はなく、あくまでも家康を筆頭とする反秀吉勢力の神輿として、担がれたようである。

信雄は永禄元（1558）年、信長の次男として生まれた。幼名は茶筅丸《ちゃせんまる》。兄・信忠は信長の後継者として育まれ、武将としての評価も高かったが、信雄は愚鈍で、信長の伊勢侵攻の手駒として使われた。

11歳の時に伊勢・北畠具房の養嗣子となり、17歳の時に具房の娘と結婚し家督を継ぎ、その翌年、信長の命令で北畠の一門を抹殺し、北畠家を乗っとった。

その頃から信雄は、数々の失敗を重ね、「三介殿（信雄）のなさる事よ（仕方がない）」と、家臣たちを呆れさせていたという。良くいえば、素直でおおらか。悪くいえば、考えが甘く、天然で、武将としての資質に欠けていた。

天正7（1579）年には、信長の許しを得ることなく伊賀に攻め込み、国人衆の反撃を受けて大敗を喫し、信長から「親子の縁を切る」と脅されるほど、激しく叱責されている。「本能寺の変」でも、腰が引けて親の仇は取れず、それどころか、意味もなく「安土城に火をつける」という暴挙まで行っている。

それでも、兄・信忠も、弟・信孝も死去しているため、何となく「織田家の惣領」に祭り上げられ、自身もそのように振舞ってきた。そんな理由から、「小牧・長久手の戦い」の際も、秀吉の対抗馬として、担ぎ上げられたのである。

合戦の後、信雄は秀吉の家臣となるが、秀吉の勘気をこうむり、一時は出家するが、江戸時代に、家康から大和松山3万石、上野小幡2万石を与えられ大名に復帰した。信雄自身は京都を離れることなく、京の地で73年の生涯を終えた。

信雄の4男信良の系統は出羽天童藩（山形県天童市）、5男高長の系統は丹波柏原藩（兵庫県丹波市）を開き、明治維新に至る。

優秀な人材を数多く輩出した織田家であったが、結局、生き残ったのは「三介殿のなさることよ」と自由奔放に生きた、信雄の家系だけであった。

織田家系図

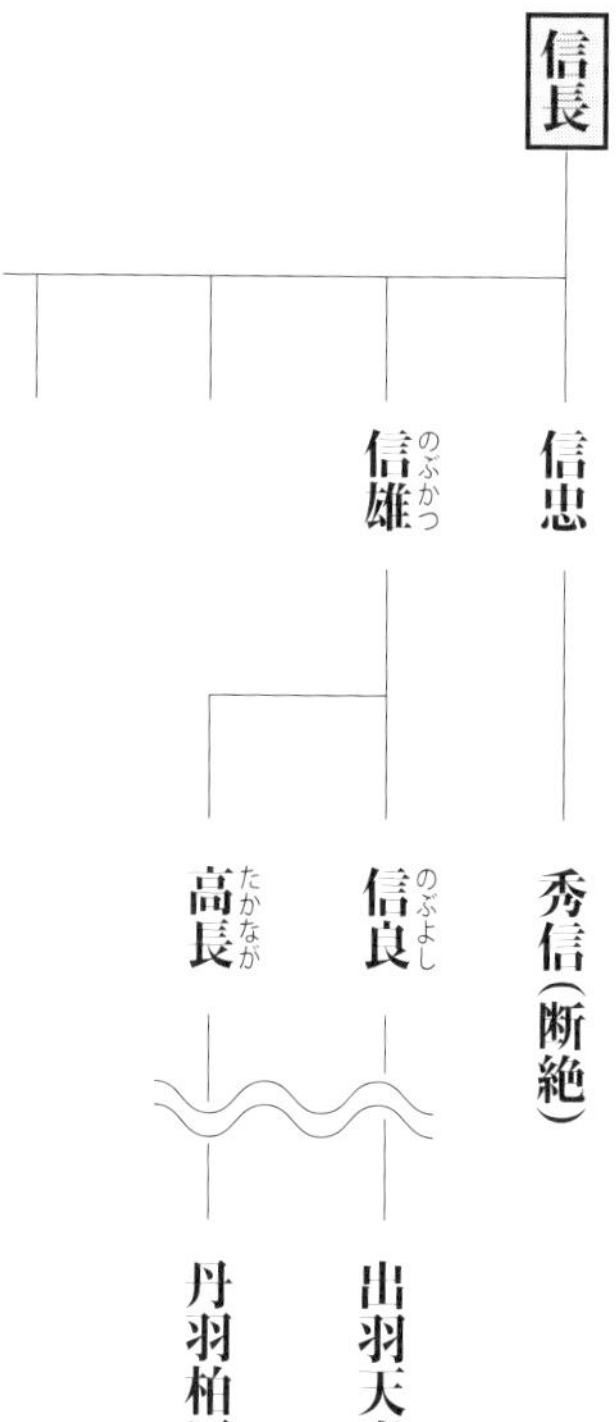

其之玖

「江戸入府」【家康49歳】天正18（1590）年

小田原征伐の後、
秀吉から「関東移封」の命が下る。
家康の領地を奪い、
未開の地へ追いやる策である。
反発する家臣たち。
今の秀吉に逆らうことはできない。

天正18(1590)年7月、小田原の北条氏を滅ぼし、天下人となった豊臣秀吉は、小田原征伐の戦功報償という名目で、家康に関八州[*1]を与え、駿府から江戸への移封を命じた。確かに、領地が150万石から240万石へ増えたのであるから栄転ではあるが、父祖代々の三河をはじめ遠江、駿河、甲斐、信濃を失うことを考えると、事実上の左遷であった。

この時の様子が「関東の連れ小便」という逸話として現在に伝わっている。小田原征伐の際に秀吉は、家康を笠懸山[*2](石垣山)へ招き、小田原城を見下ろしながら2人並んで立ち小便をしたという。その時、秀吉は家康に「この小田原城が落ちたら、家康殿に北条の領地である関東八州をすべて差し上げよう。相模、武蔵、上野、下野、上総、下総、安房、常陸、合わせて240万石。天下一の広大な土地じゃ。お受けなされ」と言い、家康は「かたじけなくお受けいたします」と快諾したという。

ここで、移封を拒否した場合、織田信雄の二の舞になる恐れがあった。同じく小田原征伐で武功を上げた信雄は、家康が関東へ移封した後、家康の旧領五か国を与えられることになっていた。大幅な加増である。しかし、信雄は「父・信長が残した今の領地に満足している」と断ってしまったのである。すると怒った秀吉は、信雄の領地をすべて没収し、配流処分とした。

しかも秀吉は、北条氏が拠点にしていた小田原や、鎌倉幕府があった鎌倉でもなく、「江戸」に居城を置くよう指定したのである。一方、家康の旧領5か国には、秀吉の腹心たちが入り、家康と徳川家臣団の痕跡は、完璧に消された。

同年8月1日、家康は江戸に入府する。家康が初めてこの地に立った時、目に入ってきたのは、どこまでも続く葦原《よしわら》と寂れた寒村だったと言われている。当時の江戸の地形は、東部に湿地や水面が広がり、その先に江戸前島が延びる一方、北西部からは武蔵野台地が張り出しているのが特徴だった。

そこには、室町時代に太田道灌[*3]が築いた「江戸城」と呼ばれる城はあったが、あまりにも荒れ果て、城の体はなしていなかった。城塁に石垣は一か所もなく、周囲には笹竹が植えられているだけ。本丸御殿は木っ端葺きの古家にすぎず、雨漏りがひどかったという。しかも、井戸を掘っても塩水がわき出し、飲料水には使えなかった。

この時家康は、従二位・権大納言、関八州を支配する大大名であったが、あまりにも似つかわしくない城に入ったため、ある家臣は激怒し、ある家臣は涙を流したと、伝わっている。

この時期、家康は徹底的に関東一帯を見るために、歩き廻っている。この関東一帯の調査は、後年の検地、知行割、町割などの政策に生かされている。8月15日には、各武将を関東諸国に分封し、江戸の町年寄りを定め、板倉勝重[*4]を江戸の町奉行とし、本格的な江戸城下の経営がはじめられた。

＊1　関八州　江戸時代の関東八か国の総称。八州とは武蔵、相模、上野、下野、上総、下総、安房、常陸。東京都をはじめ、隣接する神奈川、埼玉、千葉および北部を占める群馬、栃木、茨城の6県で構成される。江戸幕府は、将軍の御膝元という理由で、とくにその取締りに注意を払った。

＊2　笠懸山（石垣山）　小田原城を見下ろす、標高262メートルの山。小田原城の南西

約2.8キロメートル地点にある。またの名を「石垣山」。小田原征伐の際、豊臣秀吉は、ここに石垣山一夜城を築いた。

＊3　太田道灌《どうかん》　室町時代後期、関東地方で活躍した武将。当時の武蔵守護代・扇谷上杉家の家臣。武将としてはほぼ無名であるが、江戸城を築城したことで、その名が知られている。

＊4　板倉勝重　徳川家康に仕えた旗本、大名。家康が浜松から駿府へ移った際には駿府町奉行。さらに、家康が関東へ移封されると、武蔵国新座群、豊島群で1千石を給され、関東代官、江戸町奉行となった。

【なぜそうなったのか？】

大坂から遥か遠い関東の地へ幽閉

天下人になった秀吉にとって、唯一の気掛かりは徳川家康の存在であった。かつては、主君・織田信長の同盟者であり、秀吉に次ぐ150万石の大大名である。今は秀吉の臣下となっているが、いつ牙をむくかわかならい。秀吉はそう思っていたのかもしれない。そのため、京・大坂に近い東海から、箱根の関を越える遥か遠い関東の地へ、家康を追いやったのである。

当時の江戸は、だだっ広い武蔵野台地と葦《あし》が茂る湿地帯が広がる不毛な地であった。すでに都市が形成されていた岡崎、浜松、駿府とは比べようもなく辺鄙で、大きな川がなかったため、田畑を耕すこともできなかった。

家康は、新しい領地である江戸に、膨大な人力とお金を投じて、早急に「人が暮らせる町」を造る必要があった。それは途方もない行為であった。

家康を襲う、坂東武者たちの反発

しかも関東には、血の気の多い坂東武者たちが現存しており、家康の関東統治は一筋縄ではいかなかった。実際、秀吉から関八州を与えられたが、安房には里見氏、上野には佐野氏、下野には宇都宮氏、常陸には佐竹氏といった土豪勢力が家康に敵対し、実際の領地は相模、武蔵、上総、下総の四か国しかなかった。

それが秀吉の真の狙いである。家康を遠くに追いやり、さらに周囲を敵対勢力で固め、家康を動けないようにする策略であった。関東は長らく北条氏の領国であったため、新たな領主に対して必ず一揆を起こす。そうなれば土地に不案内な家康は、敗れなくても手痛い被害をこうむるはずである。秀吉は、そう考えた。

それでもめげない、家康の本領発揮

天正18（1590）年7月、小田原落城後に、秀吉が家康に関八州を与えたところ、8月頃までに下級家臣にいたるまで大方が引っ越しを完了し、家康は大坂の秀吉に対して旧領となった5か国

の引き渡しを申し出た。そのあまりにも早い行動に、秀吉は大いに驚いたという。家臣たちが猛反発していると聞いていたので、移転はスムーズにはいかないと、密かに期待していたのだ。

家康は「必ず攻め上がり、天下を取る」と家臣たちに誓い、反発する家臣たちを説得したという。徳川家臣団は一致団結して、家康に従った。

【新しい町、江戸をつくる】

史料に記載された関東移封

一般に「関東移封」に関して、秀吉から家康へ打診があったのは天正18（1590）年7月といわれているが、実際はもっと早く打診があったようである。

『武徳編年集成』[*1]によれば、家康は小田原征伐の最中である天正18年4月22日に、すでに落城していた江戸城を城代の遠山景政から受け取り、5月27日には、秀吉に対して関東移封を正式に承諾したという。6月28日には移封の拠点を「江戸」とすることを定めた。そのことから、秀吉からは、4月以前に関東移封の打診があったことが推察される。そして、7月5日に小田原城が陥落した。

また、家康の家臣が記した『天正日記』[*2]によれば、家康は6月中に、密かに家臣を江戸に派遣して、江戸とその周辺の様子を調べている。この調査によれば、当時の江戸城下の町数は、縦12町、横3、4町であり、民家は点々と散在しているが戦火で焼けたため、はっきりと状況がつかめないとある。

江戸湊埋立前の江戸

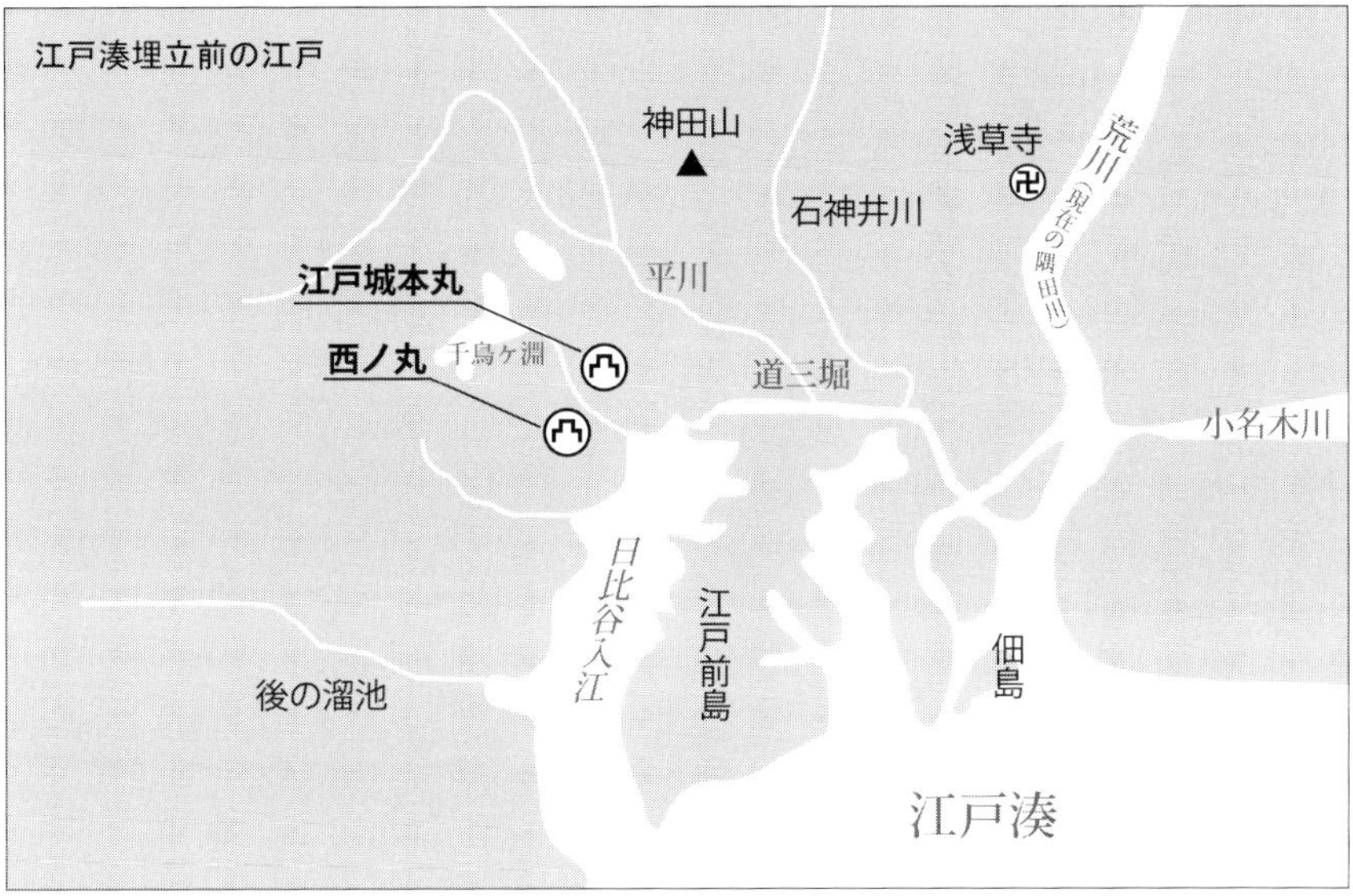

江戸湊埋立後の江戸

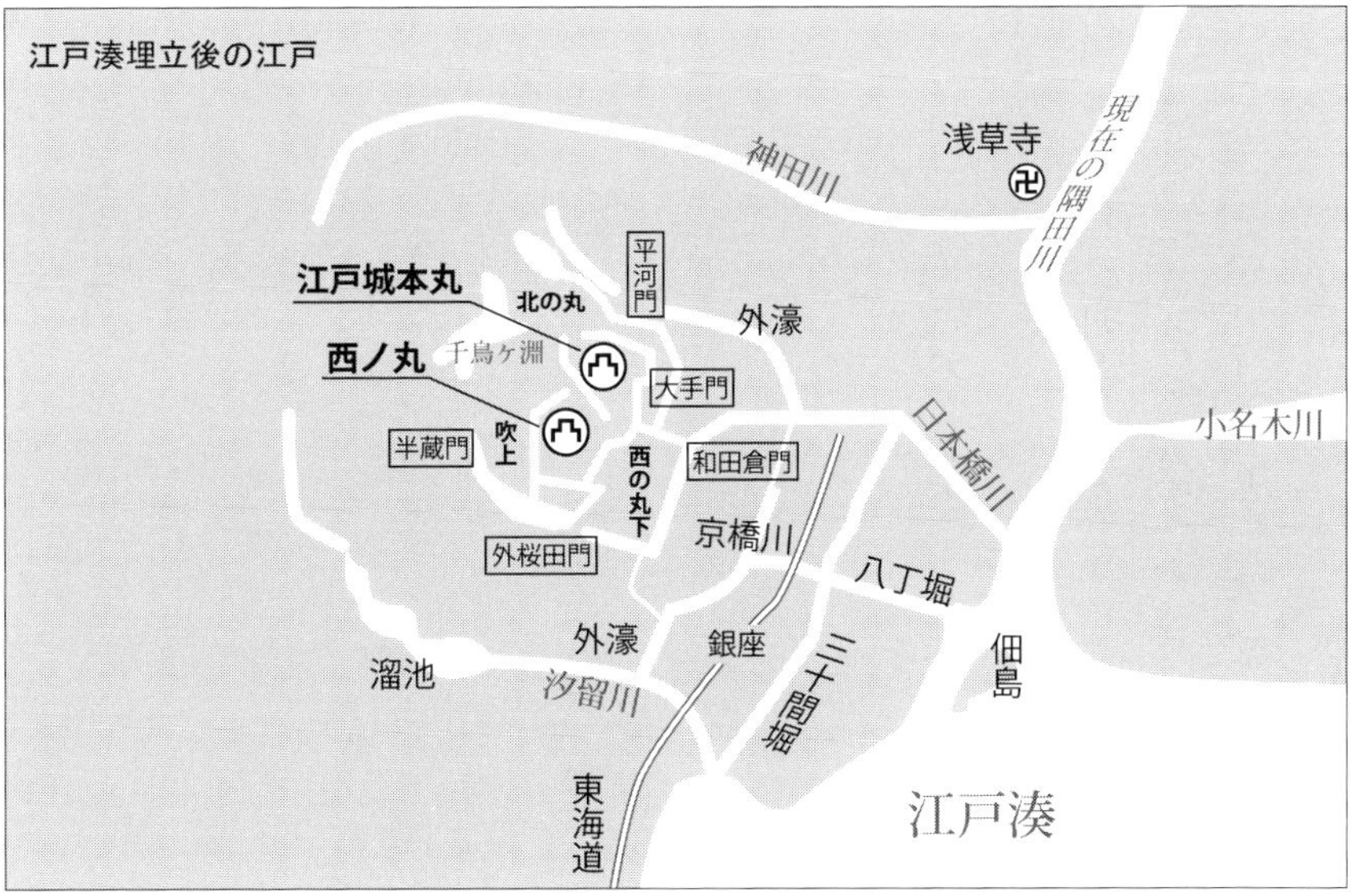

家康自身も、すでに江戸城に入っていたようだが、8月1日（八朔《はっさく》）に改めて「江戸打入り」の儀式を行った。これは、「八朔」が本来農村で新穀を取り入れる吉日であったことから、この日を選んだとされる。「八朔」の祝賀は、のちの江戸幕府の重要な年中行事の一つになった。

山を削り湿地を埋める土木工事

江戸に入った家康は、さっそく新しい町づくりに着手した。山あり谷ありデコボコしていた武蔵野台地の山を削り、その土で湿地帯を埋め立てた。さらに江戸が海に面していて水質が良くないため、7月12日に大久保忠行に命じ、目白台の下に堰を築き、高田川の水を引いて小石川付近にまで通じる上水[*3]を開かせた。

忠行は、この難工事をわずか3か月で成しとげた。これが神田上水で、忠行はその功により、家康から「主水《もんと》」の名を与えられたと伝わる。

徳川家の祈願所、菩提寺の選定

同時に家康は、江戸で祈願所[*4]とする天台宗寺院と菩提所[*5]とする浄土宗の寺院を調べさせている。浄土宗の寺院は伝通院と増上寺の2寺しかなく、増上寺は江戸城に近く景勝地であったため、増上寺を菩提寺とした。一方、祈願所は浅草の浅草寺とした。

江戸城の最低限の修復と増設

その頃の江戸城は、小田原城の支城であったため、城は小さく堀も浅く、石垣は使われておらず、土塁のみであった。本丸と2つの曲輪（二の丸、三の丸）があったものの、城郭は城の体をなしていなかった。玄関には板敷もなく土間のままであったが、小田原合戦によって破損し、雨漏りがしていたため、畳敷物などもくさりはてていたという。

あまりにも見苦しいため、家臣が「玄関だけは造営した方がいい、諸大名の使者なども見るので、いかにも失態である」と訴えたが、家康は、「理由のない体裁を言うものである」と笑い、そのまま放置し、まずは家臣たちの知行割を急いだという。

関東一円に配した家臣たちの知行割

家康は、小禄の家臣には城の近くに知行地を与え、城持ちには自分で知行割をするよう指示した。とり急ぎ、一人一村とし隣村続きになるよう命じた。知行割ののち、家康が家臣たちに指示したのは、家臣は知行地に手軽な陣屋を作りここに妻子を置き、自身は江戸城に通勤すること。これとは別に、城下に小屋を作り、自身と家来や馬などを置くよう命じた。これらはすべて、応急処置であった。

こののち江戸が繁栄するにしたがい、それぞれに宅地を与え、自力で家屋を建設することにしたのである。さらに、家康が将軍の座につくと、「天下普請《てんかぶしん》（国家事業）」の名のもと、全国から人夫を動員して大規模な江戸城普請や城下町建設が展開されることになる。

＊1　武徳編年集成　徳川家康の天下統一の過程を記述した93巻からなる歴史書。元文5（1740）年に幕臣・木村高敦が記した。徳川氏創業史の主要文献として重んぜられている。

＊2　天正日記　高遠藩（長野県飯田市）内藤家に伝わる古文書。天正18年5月～11月までの記録が記載されている。

＊3　上水　飲料用の清水。通常、江戸時代の上水道を言う。河川池沼などから導かれたもので、江戸、水戸、金沢をはじめ城下町に多く設けられた。江戸では、神田上水、玉川上水が有名。

＊4　祈願所　祈願所は神社、寺院の一つで、「菩提所」とは別に、とくに神仏に願い事を行う寺社を指す。寺院の場合は祈願寺、御願寺と言う。

＊5　菩提所　葬儀を行い、菩提を弔い、祖先の墓を築き、累代の位牌を安置してその冥福を祈るための寺。菩提寺とも言う。

その時、家康は……。

世界一の都市、「江戸」の誕生

「江戸」という荒れ果てた大地に、新しい町をつくる作業は、気の遠くなるような大変さであったと想像される。しかし結果的には、とても良かったと思われる。第一に京から遠く離れていたため、朝廷の影響を受けることもなく独自の政治や文化が花開いた。そして、ほぼ何もない広大な土地であったため、自由な「町づくり」が可能となり、大規模な土木工事、治水工事、埋立て工事が実現した。さらに、江戸は、ほぼ日本の中心にあったため、北関東や東北の支配も盤石に行えた。

当初、家康は「大坂」に幕府を置くことを考えていたようだが、大坂の陣の後に亡くなったため、家康の跡を継いだ2代将軍・徳川秀忠、3代家光は、引き続き江戸に幕府を置き、町づくりを継続させた。

２０１７年、松江市は、家康が築いた最初の江戸城を描いた最古級の絵図「江戸始図」が発見されたと発表した。その絵図に

江戸始図　松江歴史館蔵

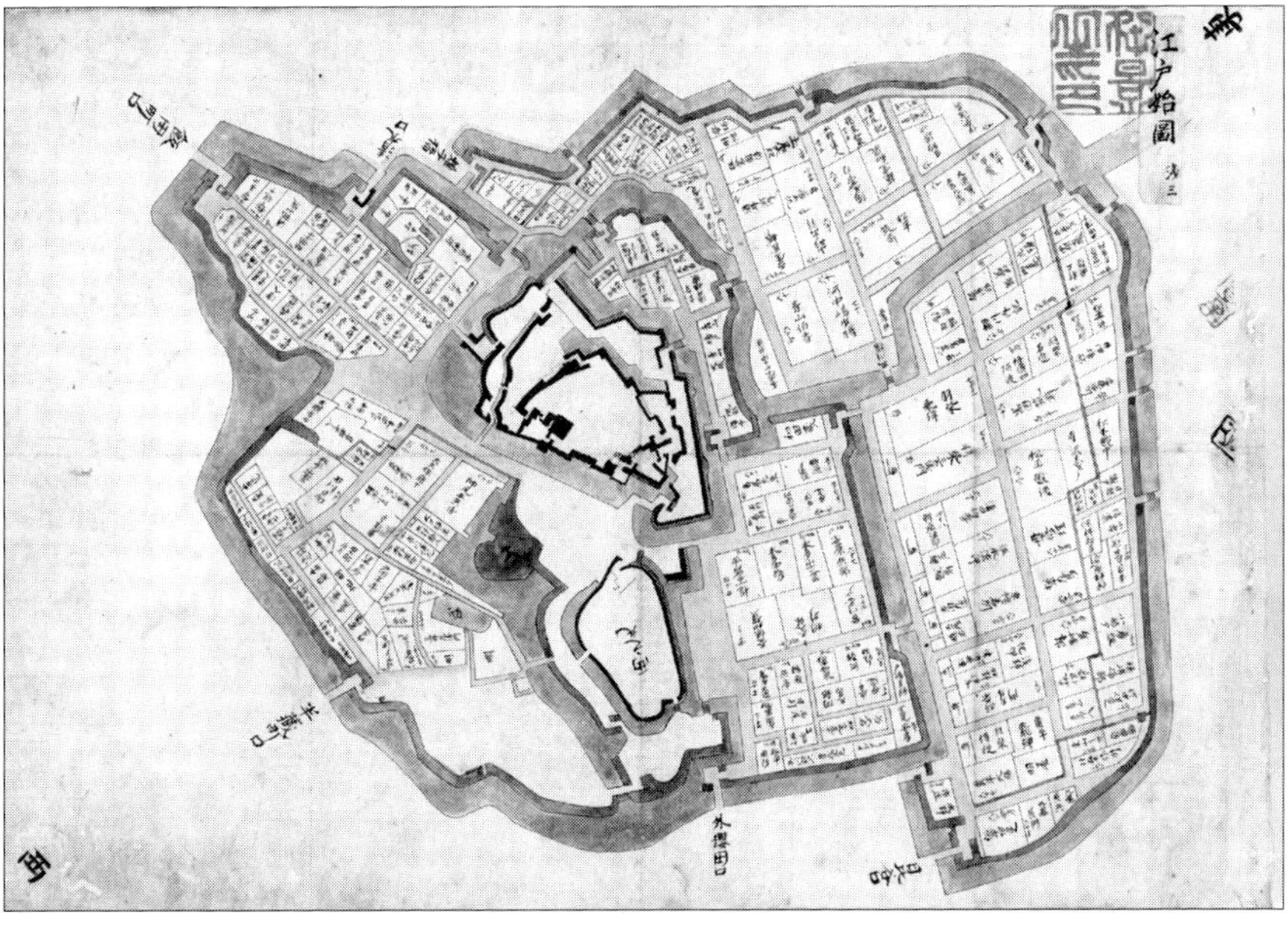

よると、天守は姫路城のような「連立式天守」で、秀吉の大坂城よりも一回り大きく、高さ約55メートル。眩しい白漆喰と輝く鉛葺きの瓦。いっけん豪華に見えるが、鉛の瓦はひとたび戦が起これば、銃弾に鋳直すことができた。城門には「複合馬出《うまだし》」や「5連続の外桝形《そとますがた》」など、最新の防御システムを備えていた。

この絵図が描かれたのは慶長12（1607）年頃で、まだ大坂城には豊臣家がおり、西国大名の勢力が強かったため、家康が造った江戸城は、戦いを想定したものであった。城下に目を向けると、すでに外堀の田安門、清水門、雉子橋（きじ橋）、一ツ橋、神田橋、常盤橋、呉服橋、鍛治橋が完成していることがわかる。

家康をはじめ徳川家臣団は、天正18（1590）年から江戸の町づくりを始め、わずか17年でここまで城下町が完成したことが伺える。

江戸の人口は、幕府が開かれた当初は京都に遠く及ばず、仙台と同じくらいだったという。それが、寛永末期（1640年頃）には京都に追いつき、元禄8（1695）年には人口85万人に達し日本一の都となった。その後も人口は増え続け、18世紀に100万人、天保8（1837）年には128万人となり、欧州最大の都市ロンドンの85万人を大きく上回り、世界最大級の都市に成長した。

【コラム】

徳川家康、最大の功績

数々の偉業を成し遂げた家康であるが、そのなかでも最大の功績は、「約150年続いた戦国時代に終止符を打ち、その後265年続く泰平の世の礎を築いた」ことだろう。古今東西、過去現在を見渡しても、そのような偉業を実現できたのは、家康しかいない。その手法は、今でも十分に通用すると私は思うのだが、いかがだろうか。

織田信長や豊臣秀吉の失敗を見て、「武力では、平和な時代はつくれない」と痛感した家康は、意識改革によって、平和な時代をつくろう、と試みる。「人と争わない」、「親を大切にする」、「目上の人を敬う」など、今では当たり前のモラルを、日本人に植え付けたのである。それまでの日本人は、過去の歴史をみればわかるように、親兄弟でも平気で殺し合う、実に残虐でモラルの欠如した民族であったという。

そのために導入したのが中国の儒教である。儒教とは、君臣、父子、兄弟など、上下関係こそ絶対不変の真理と説く思想で、「戦国時代（下剋上）」を止めるには、これ以上都合の良い思想はなかった。とくに儒教の一派である朱子学は、主君に対する忠義を最も重んじる教えで、江戸時代を通して徹底的に植え付けられた。

江戸幕府主導で朱子学が官学になると、各藩の藩校を通して「朱子学こそ、武士が修める学問」として、全国に広く浸透していった。さらに江戸中期になると、武士だけではなく庶民も、寺子屋の授業として儒教（朱子学）を学んだ。こうして、朱子学は日本人の躾となり、道徳となって定着していったのである。

明治に入り、江戸幕府は倒れ、武家社会も解体したが、日本人に染み付いた儒教は「道徳」と名を替え生き残った。第二次大戦後、欧米から民主主義が入り普及してからも、日本人が大切に守ってきた「人を敬う心」は、道徳教科という形で、現在の日本の教育に根付いている。もはや「儒教」という意識がないほど、深く浸透し日本人の気質となっている。

日本人のごく当たり前の行動は、ときに世界を驚かせることがある。たとえば災害時の節度ある行動、人に対する礼儀正しさ、気配りなど、これらはすべて、江戸時代に生まれたものである。家康が行った「日本人の意識改革」は、現在も生き続けている。

其之拾

「関ケ原の戦い」【家康59歳】

慶長5（1600）年

1600年、「関ケ原の戦い」勃発。
しかし徳川本隊が参戦できず、
圧倒的に不利な陣形……。
万全の準備をしたはずなのに、
予期せぬ事態が、次々に起こる。
勝てるのか？　家康！

慶長5（1600）年6月15日。この日、美濃国関ケ原（岐阜県関ケ原町）に、徳川家康率いる7万4千の東軍と石田三成[*1]率いる8万2千の西軍、計15万6千の武者がひしめいていた。霧がたれこめ周囲は見えないが、大勢の人馬の息遣いが聞こえる。

午前8時頃、霧が晴れ全貌が見えてきた。西軍は、東軍を包むように山麓に陣を置き、鶴が両翼を広げた「鶴翼の陣形」を敷いていた。この時、西軍の三成は勝利を確信し、東軍の家康はあまりに不利な陣形に、恐怖を感じたことだろう。

その時、井伊直政[*2]と松平忠吉の一団が、福島正則[*3]隊の脇をすりぬけ、東軍の先頭に出ると、西軍の宇喜多秀家隊に鉄砲を撃ちかけた。先陣を切る予定だった福島隊も、あわてて一斉射撃を開始し、ここに関ケ原の戦いの火ぶたが切られた。

敵の大将の首を取るために、黒田長政、細川忠興、加藤嘉明、田中吉政らの諸隊が、三成の本陣・笹尾山へと殺到していく。藤堂高虎、京極高知の両隊は、大谷吉継隊へ、井伊・松平忠吉隊は島津隊へ、そして織田有楽斎、古田重勝隊は小西行長隊へと突入していった。

後に、西洋の軍事学者が語ったように、人数においても、陣形においても、圧倒的に西軍が有利であると思われた。しかも東軍は、家康の次男・徳川忠秀率いる3万8千の徳川本隊が、中山道の真田屋敷で足止めをくらい、合戦に出陣できない、というありさまだった。

ところが、西軍は勝ちきれない。合戦前の家康の調略が効いたのか、実際に戦っていたのは8万2千のうち、石田三成隊、小西行長隊、宇喜多秀家隊、大谷吉継隊ら3万5千のみだったからだ。

それにもかかわらず、西軍は善戦した。なかでも激戦を続けていたのは石田隊で、島左近[*4]は最前線に布陣し、殺到してくる東軍諸隊を翻弄し、一時は黒田隊の中央に突撃した。大谷・小西隊や宇喜多隊の前衛をつとめる明石全登《てるずみ》隊も勇戦し、東西両軍は互いに譲らぬまま死闘を繰り広げた。

開戦から2時間が経過しても、決着はつかなかった。一進一退の戦況に業を煮やした家康は、桃配山から激戦地に近い陣馬野に本陣[*5]を移し、東軍の士気を鼓舞しようと考えた。

この時、家康には気がかりなことがあった。松尾山に陣を取り、沈黙を続ける小早川秀秋[*6]である。秀秋は東軍への内応を誓っていたが、西軍の三成にも良い顔をしていた。腹を立てた家康は、正午すぎ、松尾山に向かい鉄砲を放たせた。威嚇したのである。動転した秀秋は、ただちに出撃命令を下し、それまで鳴りを潜めていた1万6千の大軍が、大谷隊めざして山を駆け下りてきた。

「関ヶ原の戦い」布陣図

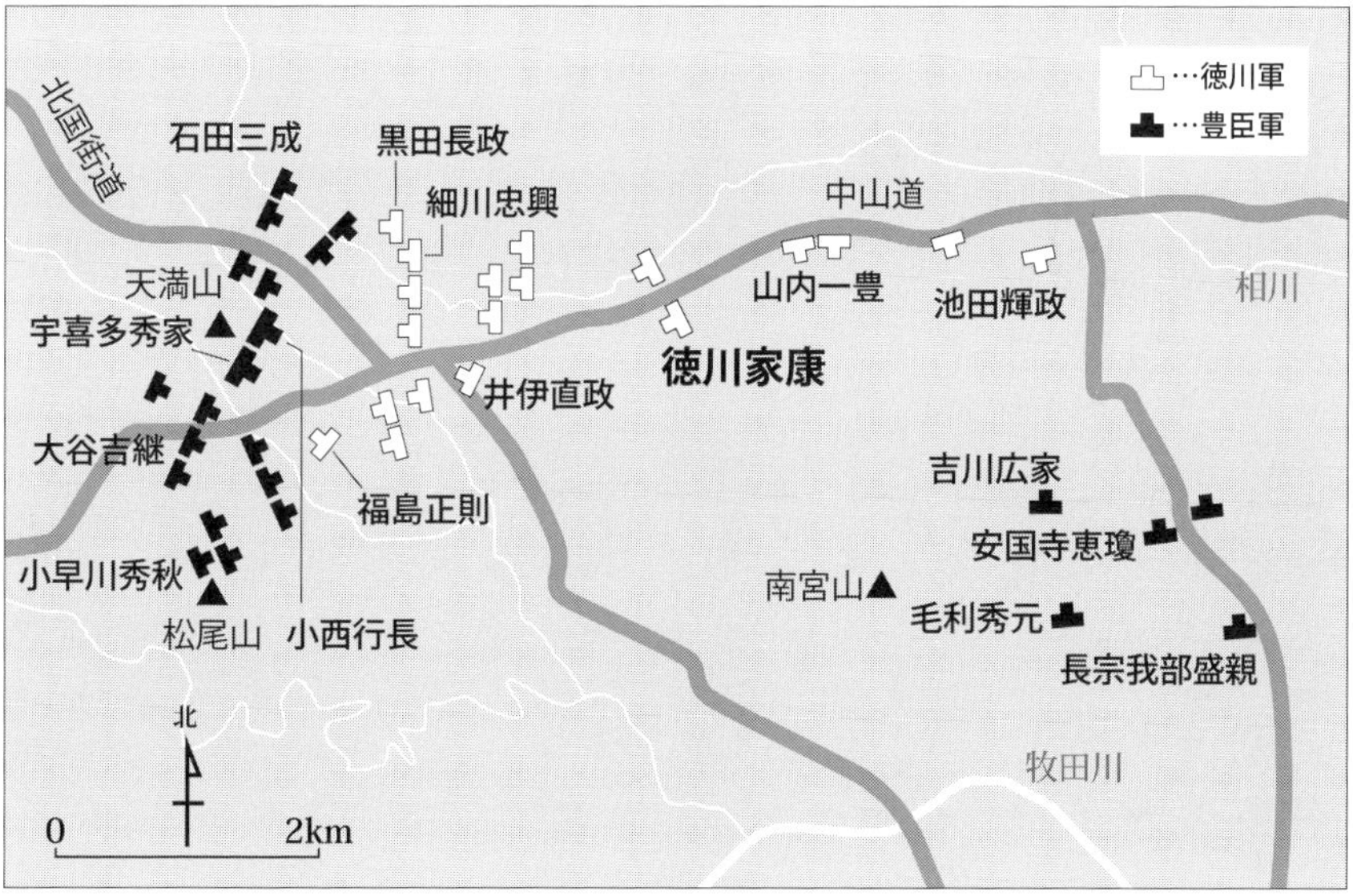

秀秋の裏切りに呼応するように、大谷吉継指揮下の脇坂安治、朽木《くつき》元綱、小川祐忠《すけただ》、赤座直保《なおやす》の4隊も、大谷隊に襲いかかってきた。さすがの大谷隊も圧倒的な兵力の前にたちまち崩壊し、吉継は自刃した。

小早川隊の参戦を見た家康は、全軍に総攻撃を命じた。雪崩をうって小西隊が崩れると、隣の宇喜多隊も浮足立ち、伊吹山山中へ落ちていった。

孤立無援の状態でも勇猛果敢に戦っていた石田隊であったが、宇喜多隊が離散するとさすがに戦意を喪失し、伊吹山方面へ逃走をはじめた。時刻は午後2時ごろ。

勝敗が決した戦場に取り残された島津隊[*7]は、正面から敵中突破し、伊勢街道を走って伊勢方面へ脱出。生きて帰れたのは1650人中80人に過ぎなかった。午後4時ごろ、こうして天下分け目の戦い「関ケ原の戦い」は終わった。

＊1　石田三成　軍事より政務において豊臣秀吉を支え、天下取りに貢献した。秀吉が行った政策のほとんどを担当し、側近中の側近となった。佐和山城主として18万石を領する。秀吉の死後、徳川家康と対立した。

＊2　井伊直政と松平忠吉　忠吉は徳川家康の4男。直政の娘と結婚したため、義父と息子の関係に当たる。「関ケ原の戦い」が、忠吉の初陣であったため、直政が側に付いて世話をやいた。

＊3　福島正則　秀吉の小姓として、秀吉の下で育った。賤ケ岳の七本槍、七将の一人で

「武功派」の代表格。文治派の代表・石田三成を倒すため、関ケ原の戦いに参戦した。

＊4　島左近　石田三成の側近。「三成に過ぎたるものが二つあり、島の左近と佐和山の城」と謳われるほど武勇にすぐれていた。三成は左近にほれ込み、三顧の礼をもって迎えたという。

＊5　家康の本陣　当初家康は、前線からはるか後方の桃配山に陣を置いた。やがて東軍の苦戦に苛立ち、本陣を桃配山から関ケ原の中央部、三成本陣の笹尾山のすぐ下（直線距離にて約800メートル）へ移動し、味方を鼓舞した。現在、この場所には「徳川家康最後陣跡」がある。

＊6　小早川秀秋　豊臣秀吉の正室・ねね（高台院）の甥。天下を分けた関ヶ原の戦いでは西軍を裏切り、徳川軍率いる東軍に味方し西軍の敗退を決定づけた。

＊7　島津隊　関ケ原合戦で西軍が総崩れになるなか、最後まで合戦に参加せず戦場に残っていた島津義弘隊は、敵中突破による前進退却を敢行し、多大な犠牲を払いながらも大将の義弘を薩摩に帰国させた。後に「島津の退《の》き口《ぐち》」と呼ばれ伝説となった。

【なぜそうなったのか？】

待ちに待った、豊臣秀吉の死

慶長3（1598）年8月18日、豊臣秀吉が伏見城で死去した。享年62。家康は、「ついに自分の番が来た！」と小躍りしたことだろう。人質生活が長かった家康は、もちろんそんな本心は少しも出さず、ひたすら従順な家臣を演じ続けた。

そんな家康の気持ちを見透かすように、死期が迫った秀吉は、「自分の死後の準備」を入念に行った。まず、秀吉を補佐していた五大老[*1]に対しては遺言状を書き、そのなかで、自分の死後、諸大名同士が勝手に縁組を行わないこと。とくに家康に対しては「3年間の在京」を義務付けた。

織田信長が死んだ時、秀吉は主君の織田家を裏切り、天下取りに走った。そんな秀吉を見ていた家康は、秀吉の遺言に、素直に従うはずはなかった。秀吉の死からまもない9月3日、五大老と五奉行の間で、秀吉の子・秀頼に対する忠誠を誓う起請文が交わされ、今後の豊臣政権は、合議制で行われることが決定した。

しかし家康は、大坂城西の丸に入ると、周囲の様子を見ながら、伊達、福島、蜂須賀と政略結婚を進めていく。この時、石田三成は家康の真意に気づいたのかもしれない。慶長4（1599）年、三成ら五奉行[*2]と前田利家ら四大老は、家康を詰問した。明らかに家康のルール違反であったが、家康は居直り、逆にそれを利用して、「三成ら文治派に糾弾されている」と武功派に訴えた。その頃、豊臣政権下では、「朝鮮出兵」の対応をめぐって、文治派[*3]と武功派が激しく対立していた。家康は、それを利用したのである。

徳川家康、天下取りを決意

秀吉の死後、家康にとって、もはや怖い存在はなくなっていた。今川義元、織田信長、豊臣秀吉と、家康は常に服従を強いられ、我慢に我慢を重ね「律儀な家臣」を演じてきた。しかし、ようやく自分の時代が来たのだ。この時、家康は57歳。敵になるであろう石田三成は38歳、上杉景勝は42歳、加藤清正36歳、福島正則37歳。ほぼ自分の子供の世代であった。

用心深く、百戦錬磨の家康は、信長や秀吉の天下取りを参考に、用意周到に天下取りの計画を練ったことだろう。家康は、「豊臣家、打倒！」とは一言も言わずに、豊臣政権下の武功派と文治派（官僚）の対立を上手に利用しながら、勢力を拡大すると同時に敵対勢力のあぶり出しを行っていく。あくまでも、豊臣政権下での「内輪もめ」という体にすることにより、加藤清正、福島正則、黒田長政など血気盛んな秀吉子飼いの武将たちを味方につけた。

＊1　五大老　豊臣政権末期の政務を行った徳川家康、毛利輝元、上杉景勝、前田利家、宇喜多秀家。

＊2　五奉行　豊臣政権末期に政権の実務を担った浅野長政、前田玄以、石田三成、増田長盛、長束正家。

＊3　文治派と武功派　豊臣政権の末期、朝鮮出兵の政策をめぐって、事務方である文治

派と、実際に戦場で戦った武将たち（武功派）との間に激しい対立があった。文治派の代表は、石田三成はじめ五奉行。武功派は加藤清正、福島正則、黒田長政など。ともに豊臣恩顧の大名だった。

【仮想敵、石田三成】

天下の詐欺師、家康

本来であれば、大坂城にいる豊臣秀吉の子・秀頼を打倒すれば、天下取りへの早道であったが、その頃はまだ、秀吉に忠義を誓う大勢の戦国武将たちが生存していた。いかに250万石の大大名・徳川家康といえども、それらを相手にすれば勝ち目はなかった。信長は人望がなかったため、比較的早くに秀吉は織田家を打倒できたが、秀吉亡き後も豊臣家に忠誠を誓う大名は多かった。そこで家康は、石田三成を利用する。

豊臣政権内では、朝鮮出兵をめぐって実際に戦地で戦った「武功派」とその事務方を務めた「文治派」が対立していた。武功派の代表は加藤清正、福島正則、黒田長政など。文治派は石田三成など四奉行。秀吉が死去し、両者の仲介を行っていた大老の前田利家が亡くなると、事態は収拾がつかなくなり、武功派が三成の屋敷を襲撃する、という事件が起きた。家康は武功派を陰で扇動しながら、筆頭大老として両者の仲介を行うふりをして、三成を佐和山城へ蟄居させた。

秀吉が死んだ時点で、家康に敵対すると予想された人物は、秀吉の懐刀であった石田三成、秀吉子飼いの加藤清正、福島正則、黒田長政、池田輝政ら。そして、豊臣政権のご意見番であった前田利家と誠実な人柄で知られる上杉景勝であった。その他の五奉行や五大老は、腹が座っておらず、いかようにも調略できると思われた。

会津征伐の罠

利家が死に、三成が蟄居し、武功派の大名を手なずけた家康は、次に上杉景勝に狙いを定めた。慶長5（1600）年5月、景勝が年賀の挨拶と家康からの上洛要請を拒否すると、「豊臣政権へ逆心あり」という理由で、上杉討伐を宣言し、6月に大坂を出陣した。その時、家康は秀吉の遺児・秀頼の激励を受け、豊臣恩顧の諸大名を率いての出陣であった。

豊臣政権の打倒を狙う家康が、秀頼の激励を受け、誰よりも豊臣家を思う三成や景勝が、家康によって「豊臣家の逆臣」にされた。人質として、幼い頃から屈折して育った家康には、こういう策略ができたのだ。

家康が畿内を留守にすると、三成は反家康勢力に呼びかけ挙兵した。もしかしたら、それが家康の真の狙いだったのかもしれない。

石田三成の挙兵

豊臣家を思う三成は、家康を警戒し、大老の上杉景勝、毛利輝元、宇喜多秀家や常陸の佐竹義宣、薩摩の島津義弘など有力大名に働きかけ、家康に対抗する勢力を形成していった。

家康が諸大名を引き連れて会津征伐へ向かったのを好機と見た三成は、慶長5（1600）年7月、ついに挙兵した。三成は、同僚の大谷吉継、毛利の外交僧・安国寺《あんこくじ》恵瓊《えけい》とはかって家康を非難する檄文を発するとともに、毛利輝元を総大将に据え、会津遠征に出陣中の大名の上方にいる妻子を人質にしている。

歴史を俯瞰で見ると、明らかに正義は三成にあるが、この時の三成の行動は、すべて裏目に出ている。たとえば「東軍の妻子を人質にした」行為は逆に、東軍の結束をより強固にし、三成を極悪非道な人物に落としめた。

会津征伐の頃の東軍と西軍の動き

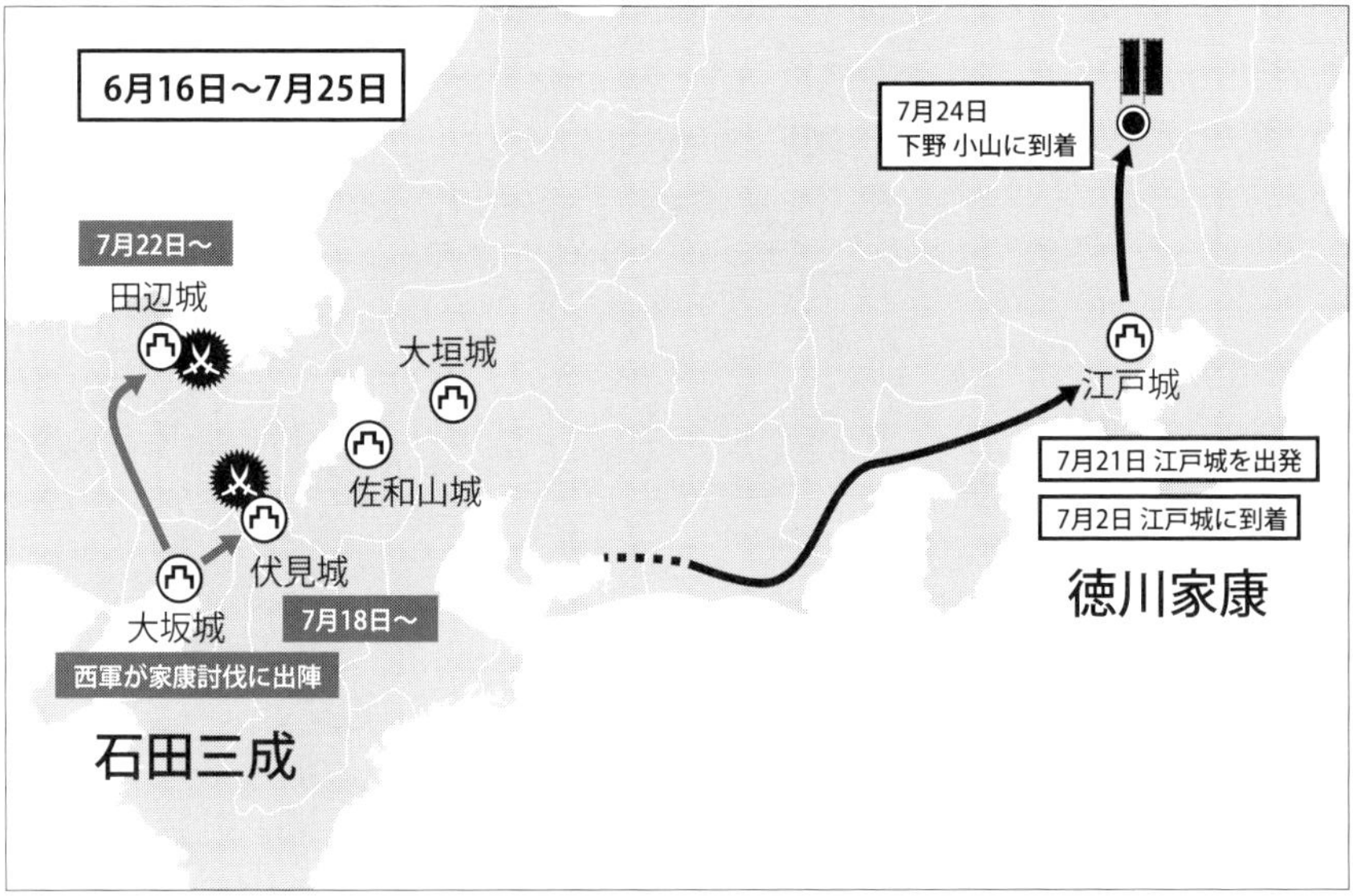

【いざ、関ケ原へ】

家康が三成の挙兵を知ったのは7月24日、下野の小山（栃木県小山市）まで行った時である。家康はただちに軍議[*1]を開いた。家康は、三成を目の敵にしている武功派の大名に、三成の悪行を語らせた。その筆頭である福島正則が「三成討つべし。内府（家康）に味方する！」と叫ぶと、諸大名たちはわれ先にと家康に味方することを誓った。

家康は、それでもまだ、武功派の大名たちを完全には信じてはいなかった。次男・結城秀康を上杉勢の押さえとして宇都宮に残すと、自身は小山を発って江戸へ向かった。すでに7月26日には、先発隊の福島正則、池田輝政らは西へ向かっている。彼らは、江戸から東海道を上って、早くも8月14日には正則の居城・清須城に集結し、家康の出馬を待っ

東軍の進軍ルート

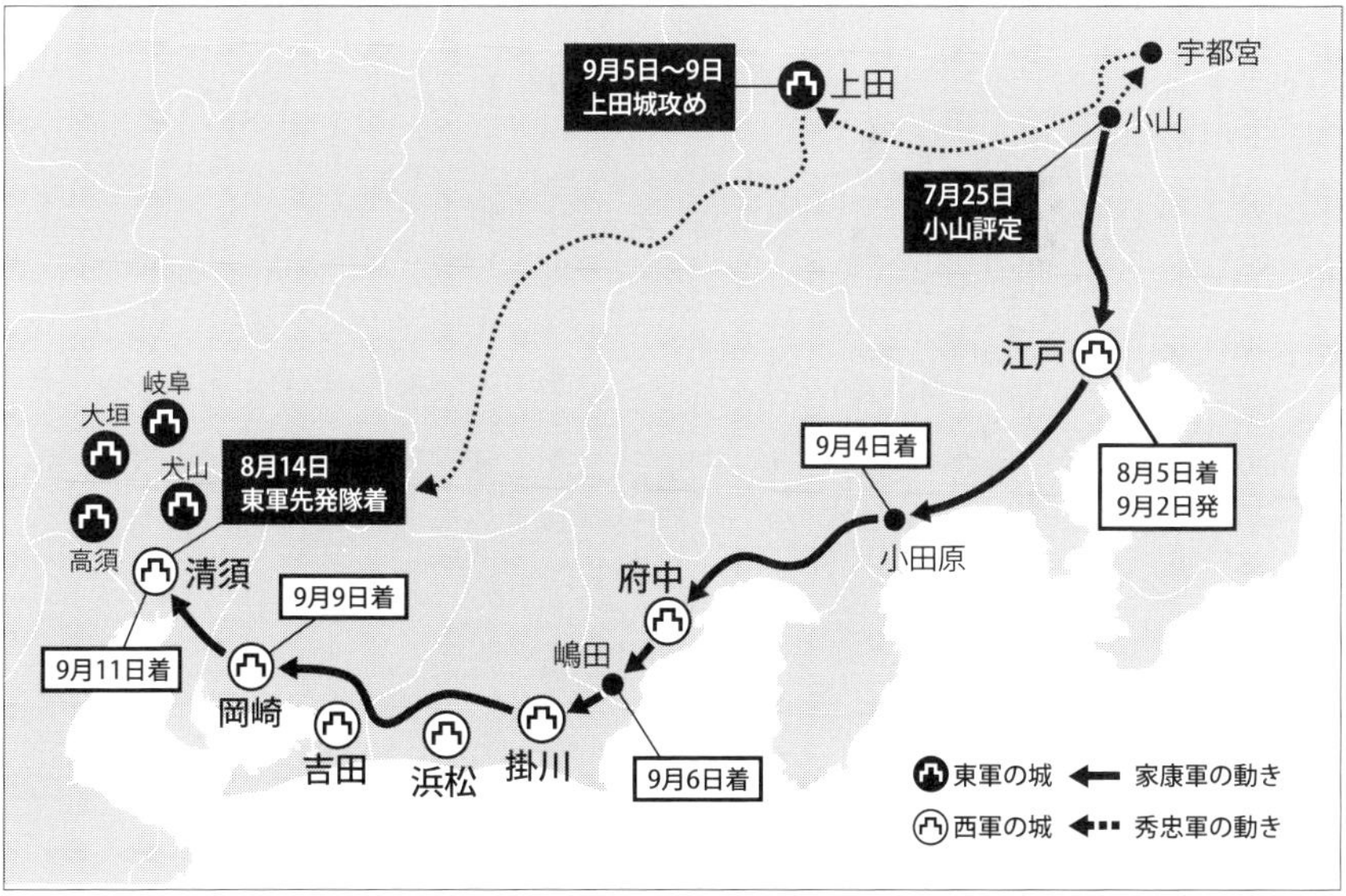

ていた。

8月5日に江戸城に着いた家康は、それから1か月江戸城に留まり、全国の諸将に宛て、東軍へ誘う書状を書きまくった。臆病で用心深い家康は、天下分け目の戦いを間近に控え、心配でたまらなかったのである。どうすれば西軍に勝てるか？　家康は、あらゆる手を打とうと考えていた。

家康は、9月1日に江戸城を出発。12日には岐阜城へ入った。ここで、東山道[*2]を西上しているはずの秀忠軍と合流することになっていたのだ。家康は、秀忠がまだ到着していないことに愕然としたが、先発隊を2か月余りも待たせていることもあり、これ以上戦いを先に延ばせなかった。そう判断した家康は、即時決戦を決断。9月14日に大垣城近くの岡山（後に「勝山」と呼ばれる）に本陣を構えた。

一方、西軍はその日の夜にひそかに大垣城を出て、関ケ原に移動した。東軍を狭い関ケ原の盆地へ誘い込み、一挙に包囲殲滅しようという作戦である。

こうして、家康率いる東軍7万4千と石田三成率いる西軍8万2千が、関ケ原で戦うこととなった。ただしこの戦いは、徳川家と豊臣家の戦いではなく、あくまでも豊臣政権内の内紛という建前であった。

その時、家康は……。

家康はこれまで、今川義元、武田信玄、織田信長、豊臣秀吉から、多くのことを学んできた。関ケ原の戦いに勝利した家康は、その学習成果を次々とカタチにしていった。家康はまず、敗退した西軍諸大名の領地を没収し、勝利した東軍大名に論功行賞として分配した。

自領を増やし、徳川家の家臣たちを譜代大名に取り立て、豊臣政権において同僚だった大名へは広い領地を与えながらも、遠国へ追いやった。小田原攻めの論功行賞として、かつて秀吉が家康に行った国替えである。自分がされていちばん嫌だったことを、外様大名に行ったのである。

豊臣家については、西軍とは無関係としながらも、領地を摂津、河内、和泉に限定し、200万石から65万石へと大幅に削減。豊臣家が所有していた金山、銀山などの直轄地を徳川領とした。

政権の中枢は江戸に置き、慶長8（1603）年2月、家康は朝廷から征夷大将軍に任命され、江戸幕府を開いた。幕府という新しい武家政権を打ち立てることによって、これまで豊臣秀頼の家臣だった家康は、朝廷の家臣となり、豊臣家との関係を逆転させることができた。この行為も、「関白」に就任した秀吉の真似をしたのである。

幕府の体制や制度に関しては、今川家の『今川仮名目録』や武田家の『甲州法度次第』を参考にしながら、今地院崇伝[*3]や藤堂高虎など、自分のブレーン[*4]たちにつくらせた。

諸大名の力を削ぎ、豊臣家との決戦へ

政権を手にした家康の唯一の心配は、大坂に「豊臣秀頼が生存している」という事実であった。いまだに豊臣恩顧の大名たちは、秀頼を天下人のように扱っており、そのうち家康は、「政権を豊臣家に返還するのではないか」という噂すらあった。

そこで家康は、慶長10（1605）年に、将軍職を息子の秀忠に譲り、政権を豊臣家に譲らないことを宣言。豊臣恩顧の外様大名たちには、江戸城、駿府城、名古屋城などの天下普請を命じ、その財力を削減させる一方、豊臣家との決戦に備え、盤石な防衛体制を構築していった。

やがて、豊臣家が奉納した方広寺の鐘銘事件をきっかけに、徳川家は豊臣家に難癖を付けて合戦に持ち込み、慶長19、20（1614、1615）年に大坂冬の陣・夏の陣が勃発。それによって、大坂城は落城し、秀頼は母の淀殿とともに自刃し、豊臣家は滅亡した。この時の非は、100パーセント家康側にある。大坂の陣で家康が行った悪行と残虐な行為は、その後の家康に、拭い去れないほどの負のイメージを与えた。大阪の住民は、今でも家康を良く思っていない。

晴れて「天下」を手にした家康は、元号を「元和《げんな》」に改め、平和な時代が到来したことを「元和偃武」[*5]という言葉で宣言。そして翌元和2（1616）年、駿府城で死去した。享年75。

考えてみれば家康は、戦国の世に生まれ、ただひたすら平和を願い、平和を実現するためだけに生きた。苦労の末に日本に平和が訪れた時、本懐を遂げたこの男は、静かに舞台から退場した。

※1　軍議　この軍議は「小山評定」と呼ばれ、東軍が結束する大きなターニングポイントとなった。

※2　東山道　五畿七道の一つ。古代から中世にかけて使用された幹線道路。本州内陸部を近江国から陸奥国へと通る。

※3　今地院崇伝《こんちいんすうでん》　安土桃山・江戸初期の臨済宗の僧。徳川家康の政治、外交に深くたず

さわり、江戸幕府の諸法度の制定に尽力し、黒衣の宰相と呼ばれた。

※4　ブレーン　家康のブレーンには、金地院崇伝のほか、政治は天海大僧正、外交は三浦按針、ヤン・ヨーステン、儒学者の林羅山などがいた。

※5　元和偃武《げんなえんぶ》　「偃武」とは、武器を偃《ふ》せて武器庫に収めることを意味している。

【コラム】

徳川家康、ついに征夷大将軍になる

慶長8（1603）年、徳川家康は征夷大将軍に任じられた。後陽成天皇から宣旨をうける将軍宣下の儀式は、京の伏見城で盛大に行われた。この時、家康は62歳。関ケ原の戦いからすでに3年が経っていた。

家康は、関ケ原の戦いの後、自分が天下人になった旗印を掲げる必要があった。それが「征夷大将軍」である。当時は、源平交替の思想が信じられており、「平家と源氏が交代で武家の棟梁となる」と考えられていた。

武家で最初に政権を取ったのは平家の平清盛、それを倒し鎌倉幕府を開いたのは源氏の源頼朝、その後に執権として鎌倉幕府の実権を握ったが平家の流れをくむ北条氏。次に室町幕府を開いた足利氏は源氏、それを倒した織田信長は平氏の末裔と称していた。

天下を取った羽柴秀吉は、「次は源氏」とばかりに、足利幕府の最後の将軍・足利義昭の養子になろうとしたが断られ、仕方なく朝廷から「豊臣」の姓を賜り、公家として「関白（太閤）」となった。

家康は、「源氏の流れをくむ新田氏の子孫」と称して、急きょ家系図を作り、晴れて征夷大将軍になった。もちろん、その家系図が正しいかどうかはわからない。

そもそも「征夷大将軍」とは、朝廷の令外官の一つで、「征夷」とは「蝦夷（えみし、えびす、えぞ）＝大和朝廷から見て東国に住む野蛮の人々を討伐する」という意味である。奈良時代末期に、大伴弟麻呂《おおとものおとまろ》が初めて任命され、次に「征夷大将軍」に就任した坂上田村麻呂が勇名を馳せたことから、本来の意味を離れ、いつしか「武家の棟梁」として、事実上の日本の最高権力者というイメージが定着した。

その征夷大将軍に、家康がついたことに、豊臣家は強い衝撃を受けた。なぜなら、家康は豊臣家の家臣であったからだ。豊臣家は、律儀な家康のことだから、いつか政権を豊臣家に返還する、と期待していた。ところが、家康は2年後の慶長10（1605）年に征夷大将軍の座を、3男・徳川秀忠に譲り、将軍の座は、「徳川家の世襲」であることを天下に知らしめたのである。

さらにその2年後、家康は駿府城で隠居し、「大御所」と称して采配を振るった。その時、豊臣家をはじめすべての大名たちは、初めて家康の真意に気づき、その恐ろしさを痛感したことだろう。こうして、この先260年もつづく徳川幕府が誕生した。

徳川家康　生涯年表

【元号】年	【西暦】年	【年齢】歳	【事柄】
天文11	1542	1	松平広忠の嫡男として岡崎城で誕生。幼名は竹千代。
天文13	1544	3	生母・於大が広忠と離縁し、竹千代を残し刈谷へ帰る。
天文16	1547	6	今川家の人質として駿府へ送られる途中、親族の裏切りにあい、敵方の織田家へ売り飛ばされる。
天文18	1549	8	父・広忠暗殺。人質交換で、駿府の今川方に送られる。
天文24	1555	14	駿府の今川館で元服し、義元の偏諱を賜り「元信」と称する。
弘治3	1557	16	今川家重臣・関口氏純の娘「瀬名姫（築山殿）」と婚礼を行う。
弘治4	1558	17	初陣。寺部城の鈴木重辰を攻める。
永禄3	1560	19	桶狭間の戦い。今川方の先鋒として大高城に兵糧を入れる。今川義元、討死。岡崎城へ帰還する。
永禄5	1562	21	織田信長と「清須同盟」を結ぶ。
永禄6	1563	22	「元康」から「家康」に改名。三河一向一揆が起きる。
永禄9	1566	25	三河平定。「徳川」への改姓を勅許され「三河守」となる。
元亀元	1570	29	本拠を引馬城に移し「浜松」と改名。朝倉攻めに参戦。金ケ崎より撤退する。「姉川の戦い」で浅井・朝倉を破る。
元亀3	1572	31	「三方ヶ原の戦い」で、武田軍に大敗を喫す。

天正3	1575	34	「長篠・設楽原の戦い」。織田・徳川連合軍が武田勝頼軍を破る。
天正7	1579	38	正室・築山殿を殺害。嫡男・信康を自害に追い込む。
天正10	1582	41	「武田家滅亡」で駿河領有。「本能寺の変」で織田信長が討たれる。「伊賀越え」で岡崎に帰還。甲斐・信濃を領有。
天正12	1584	43	「小牧・長久手の戦い」。局地戦ながら羽柴秀吉軍に勝利。
天正14	1586	45	秀吉の妹・朝日姫を娶る。秀吉の母・大政所が人質となる。大坂城で秀吉に臣下の礼をとる。本拠を駿河城へ移す。
天正18	1590	49	「小田原攻め」。その後、秀吉の命令で江戸へ入府する。
慶長3	1598	57	豊臣秀吉、没する。豊臣政権の五大老筆頭となる。
慶長5	1600	59	「関ケ原の戦い」。家康、ほぼ天下を手中に収める。
慶長8	1603	62	「江戸幕府」開府。伏見城で征夷大将軍に叙任される。
慶長10	1605	64	将軍職を秀忠に譲り、「大御所」となる。再び、駿府へ移住。
慶長19	1614	73	豊臣秀頼討伐を発令し「大坂冬の陣」開戦。
慶長20	1615	74	大坂城落城。豊臣家が滅亡する。「大坂夏の陣」。
元和2	1616	75	駿府城で死去。遺体は久能山へ葬られる。

主な参考文献

『徳川家康 境界の領主から天下人へ』（柴　裕之・平凡社・2017年）
『家康・秀忠・家光 徳川三代』（小和田哲男監修・東京書籍・2000年）
『徳川家康　没後四〇〇年』（小和田哲男監修・平凡社・2015年）
『現代語訳 徳川実紀 家康公伝』（大石　学・佐藤宏之・小宮山敏和・野口朋隆・吉川弘文社・2010年）
『詳細図説 家康記』（小和田哲男・新人物往来社・2010年）
『徳川四天王と最強三河武士団』（歴史ビジュアルシリーズ・双葉社・2016年）
『物語の舞台をゆく―信長・秀吉・家康のふるさと愛知』（愛知県観光コンベンション局・2022年）
『徳川家康ガイドブック』（愛知県観光コンベンション局・2022年）
週刊真説歴史の道『徳川家康　神君の伊賀越え』（小学館・2010年）
週刊真説歴史の道『関ケ原　急がぬ決戦』（小学館・2010年）
週刊名将の決断『三方ヶ原の戦い 徳川家康最大の失敗』（朝日カルチャーシリーズ・朝日新聞出版・2009年）
週刊名将の決断『勝者 長篠の戦い 織田信長』（朝日カルチャーシリーズ・朝日新聞出版・2009年）
週刊名将の決断『勝者 桶狭間の戦い 織田信長』（朝日カルチャーシリーズ・朝日新聞出版・2009年）

長屋良行（ながや　よしゆき）
北海道旭川市生まれ。広告代理店・株式会社三晃社に勤務。愛知県や名古屋市の武将観光にかかわるプロモーションを担当。「名古屋城検定」、「名古屋おもてなし武将隊」、「徳川家康と服部半蔵忍者隊」を企画。
著書に『古地図で歩く城下町なごや』（名古屋市）、『歴史物語を歩く』『続・歴史物語を歩く』『名古屋の言い分』（ゆいぽおと）。共著に『東海戦国武将ウオーキング』（風媒社）、『東海の山車とからくり』『小さな鉄道の小さな旅』『小さな鉄道のぶらり旅』（ゆいぽおと）。

切り絵　亀山永子
装　丁　三矢千穂
撮　影　水崎　薫
図　版　上野浩二

家康の10大危機

２０２３年３月７日　初版第１刷　発行

著　者　長屋良行
発行者　ゆいぽおと
〒４６１-０００１
名古屋市東区泉一丁目15-23
電話　０５２（９５５）８０４６
ファクシミリ　０５２（９５５）８０４７
https://www.yuiport.co.jp/
発行所　ＫＴＣ中央出版
〒１１１-００５１
東京都台東区蔵前二丁目14-14
印刷・製本　モリモト印刷株式会社
内容に関するお問い合わせ、ご注文などは、すべて右記ゆいぽおとまでお願いします。
乱丁、落丁本はお取り替えいたします。

ISBN978-4-87758-556-3 C0021

ゆいぽおとでは、
ふつうの人が暮らしのなかで、
少し立ち止まって考えてみたくなることを大切にします。
テーマとなるのは、たとえば、いのち、自然、こども、歴史など。
長く読み継いでいってほしいこと、
いま残さなければ時代の谷間に消えていってしまうことを、
本というかたちをとおして読者に伝えていきます。